INSTRUCTION

SUR

LES ROUTES,

LES CHEMINS DE FER,

LES CANAUX ET LES RIVIÈRES.

PARIS. — IMPRIMERIE DE BACQUENOIS ET APPERT,
RUE CHRISTINE, N° 2.

INSTRUCTION
SUR
LES ROUTES,
LES CHEMINS DE FER,
LES CANAUX ET LES RIVIÈRES;

SUIVIE

DE NOTES SUR LES TRANSPORTS,

ET D'UNE STATISTIQUE DES PRINCIPAUX CANAUX ET CHEMINS DE FER, ET DES ROUTES CARROSSABLES OUVERTES DANS LES ALPES ET LES APENNINS.

A L'USAGE DE L'ÉCOLE D'APPLICATION
DU CORPS ROYAL D'ÉTAT-MAJOR.

Deuxième Édition,
FORT AUGMENTÉE.

PARIS,
CHEZ ANSELIN, SUCCESSEUR DE MAGIMEL,
LIBRAIRE POUR L'ART MILITAIRE, RUE DAUPHINE, N° 9.

1833.

INSTRUCTION

SUR

LES ROUTES,

LES CHEMINS DE FER,

LES CANAUX ET LES RIVIÈRES,

SUIVIE

DE NOTES SUR LES TRANSPORTS,

[illegible]

A L'USAGE DE L'ÉCOLE D'APPLICATION

DU CORPS ROYAL D'ÉTAT-MAJOR.

Deuxième Édition

FORT AUGMENTÉE.

PARIS,

Chez ANSELIN, successeur de MAGIMEL,

[illegible]

[illegible]

INSTRUCTION
SUR LES ROUTES,
LES CHEMINS DE FER,
LES CANAUX ET LES RIVIÈRES,
CONSIDÉRÉS COMME
LIGNES DE COMMUNICATIONS MILITAIRES.

PREMIÈRE PARTIE.

DES ROUTES.

Exemples de routes faites en campagne.

IL est souvent nécessaire, en campagne, de réparer les routes que suivent les armées, d'élargir les chemins ou les sentiers, d'en adoucir les pentes. Quelquefois même on est dans l'obligation d'ouvrir des communications nouvelles. L'histoire ancienne et l'histoire moderne offrent, à cet égard, de nombreux exemples. Nous nous bornerons à citer les suivans; ils suffiront pour faire sentir aux officiers d'état-major combien il est important pour eux de connaître les principes du tracé et de la construction des routes.

Le principal corps de l'armée française, qui, en 1515, porta la guerre dans le nord de l'Italie, et vainquit les Suisses à Marignan, avait suivi, pour franchir les Alpes au col de l'Argentière, une route qui était l'ouvrage des troupes elles-mêmes (1).

En 1799, à la fin de mai, la communication avec Gênes par le col de la Bocchetta étant coupée à l'armée que commandait Moreau, un chemin nouveau fut ouvert dans les Apennins par une division de cette armée pour le passage de l'artillerie. Il partait de Garessio, passait par le col de Saint-Bernard, Rocca-Barbena, les villages de Balestrino, de Toirano, et aboutissait à Loano. En plusieurs endroits on fit jouer la mine; à Balestrino, on démolit des maisons. Les travaux furent exécutés en trois jours (2).

En 1800, à l'ouverture de la campagne de Marengo, 1500 hommes furent employés pendant plusieurs jours à adoucir, du côté de Donaz, les pentes du sentier d'Albarédo. Ce travail permit à l'infanterie et à la cavalerie de l'armée de réserve de tourner le fort de Bard, qui fermait la vallée d'Aoste. A la fin de la même année, l'armée des Grisons eut, pour franchir le Splugen, à exécuter des travaux difficiles et périlleux (3).

Toute la Calabre, en 1807, à l'exception du fort de

---

(1) L'opinion que François Ier passa au col du Mont-Viso ne s'accorde pas avec le récit des historiens contemporains, qui tracent sa marche par Guillestre, Saint-Paul et Coni. Elle repose sur l'existence d'un passage percé sous le col du Mont-Viso, passage obstrué depuis long-temps, mais où l'on pouvait encore passer avec des chevaux en 1733, à la vérité un peu difficilement. Il a pu servir autrefois pour aller de la vallée de Queyras dans celle du Pô.

(2) Jomini, *Histoire des guerres de la révolution*, tom XI, page 307. *Mémoires du Maréchal Saint-Cyr*, tome I, page 210.

(3) Mathieu-Dumas, *Précis des événemens militaires*, tome V, p. 161.

Scylla, était soumise aux armes de la France. Aucune des routes qui conduisent à ce fort n'était praticable pour l'artillerie de siége. Le général Reynier résolut d'en ouvrir une à travers l'Aspro-Monte, dernier chaînon des Apennins. Il la traça lui-même; les troupes de sa division exécutèrent les travaux, et peu de temps après Scylla était en leur pouvoir.

Le corps d'armée qui occupa la Dalmatie en 1807, 1808 et 1809, acheva les deux routes de Zara à Spalato, sur lesquelles les Autrichiens avaient exécuté quelques travaux, et qui passent, l'une par Knin, Verlica et Sign, l'autre par Scardona, Sébénico et Traù. Il commença en outre la route de Spalato à Cattaro.

En 1830, dans la campagne d'Afrique, l'armée, à mesure qu'elle avançait, ouvrit, sur une longueur de dix-huit kilomètres, le chemin qui la conduisit devant le château de l'Empereur (1).

Différentes dénominations des routes en France.

En France, les routes présentent, vers leur milieu, une chaussée ordinairement bombée et construite avec des matériaux capables de résister au roulage des voitures; à droite et à gauche de cette chaussée, deux voies en terrain naturel, auxquelles on donne le nom d'accotement, et qui paraissent destinées aux voyageurs à pied. Deux fossés bordent les routes, et servent à l'écoulement des eaux; les accotemens reçoivent les matériaux qu'il est nécessaire d'amasser pour l'entretien des routes. En été (2),

---

(1) *Journal d'un officier de l'armée d'Afrique*, in-8°; Paris, 1831. Ouvrage de M. le lieutenant-général Desprez.

(2) En Hollande, les chemins sont divisés en chemins d'été et chemins d'hiver. Les premiers sont établis sur le sommet de digues construites en

ils peuvent être fréquentés par les voitures ; ils sont même, dans les descentes rapides, préférables à la chaussée.

Les routes sont, relativement à leur degré d'importance divisées en quatre classes (1).

Les routes de première classe sont celles qui, partant de la capitale, traversent le territoire français, et communiquent sans interruption avec les principales villes des pays étrangers.

Celles de deuxième classe partent du centre du royaume, et aboutissent à un chef-lieu de département.

Les communications de chef-lieu à chef-lieu, d'une grande commune à une autre ou à une route de première classe, se nomment routes de troisième classe.

Enfin, la quatrième classe comprend les chemins de village à village.

La largeur de la chaussée, celle des accotemens et fossés varient suivant la classe à laquelle les routes appartiennent.

Les grandes routes, ouvertes sous les règnes de Louis XIV et de Louis XV, ont communément une largeur totale de 20 mètres. Au commencement du règne de Louis XVI, un arrêt du conseil (2) établit quatre classes de routes, et fixa leur largeur à 14 mètres pour la première classe, à 12 mètres pour la seconde, à 10 mètres pour la troisième, et à 8 mètres pour la quatrième. Les routes tracées au milieu des bois, celles qui servent d'accès à la capitale et à quelques autres villes d'un grand commerce,

---

terres fortes ; les autres le sont au niveau du terrain naturel, qui est ordinairement un sable léger, et quelquefois ils sont pavés en pierres de petites dimensions. (De Fer, *Science des canaux navigables*, page 83.)

(1) Sganzin, *Cours de construction*, page 82.

(2) Œuvres de Turgot, tome VIII, page 371.

conservèrent seules une largeur de 20 mètres. Cet arrêt n'a jamais reçu une entière exécution. Le tableau suivant présente la largeur des routes, celle des chaussées, accotemens et fossés, d'après ce qui a paru le plus convenable.

CLASSES.	Largeur.	Chaussée.	Accotemens.	Fossés.	Largeur totale compris les fossés.
1re	20	6,66	6,66	2	24
2e	12	6	3	2	16
3e	10	6	2	1,66	13,32
4e	8	5	1,50	1	10

On appelle routes *royales* celles qui sont en tout ou en partie entretenues aux frais du trésor public. Telles sont les routes de première classe, et la plupart de celles de deuxième. Des numéros compris entre 1 et 191 sont affectés à ces routes.

Les routes qui sont entretenues sur les fonds votés par les conseils généraux des départemens portent le nom de *routes départementales* (1) : celles de troisième classe appartiennent à cette catégorie. On appelle chemins *vicinaux* ceux qui sont jugés nécessaires pour la communication des communes.

Lorsque les revenus communaux ne suffisent pas aux dépenses qu'exige leur entretien, on y pourvoit par des prestations extraordinaires en argent ou en nature (2).

---

(1) Décret du 16 décembre 1811.

(2) Loi du 28 juillet 1824.

Une loi proposée aux Chambres crée dans les départemens de l'Ouest, sous le nom de routes *stratégiques*, une nouvelle classe de routes, qui doivent être ouvertes aux frais de l'état, et qui seront entretenues au moyen d'un système mixte par les communes, par les départemens ou par l'état. La largeur de la chaussée de ces routes doit être de 3 mètres, celle de leurs accotemens de 5 mètres; la hauteur des haies, qui en seraient éloignées de moins de 20 mètres, ne devra pas dépasser $1^{m},30$. Au nombre des routes stratégiques, sont celle de Poitiers à Nantes, et celle de Saumur à la Rochelle.

Les chemins qu'on appelle chaussées de *Brunehaut* en Picardie sont d'anciennes voies romaines, qui, dans le sixième siècle, ont été réparées par la reine Brunehaut, femme de Sigebert, roi d'Austrasie. Les routes existantes de Péronne et Saint-Quentin à Bavay par Cateau ont retenu ce nom, sous lequel elles sont connues. La principale chaussée de Brunehaut conduisait de Soissons à Boulogne par Noyon, Roye et Amiens.

Les préfets, sous-préfets et maires, exercent une surveillance spéciale sur les routes de leurs départemens, de leurs arrondissemens ou de leurs communes. Les ingénieurs des ponts et chaussées sont chargés de diriger eux-mêmes, ou de faire diriger par leurs conducteurs, l'exécution de tous les travaux.

On distingue dans l'entretien des routes en empierrement la fourniture des matériaux, qui est donnée à l'entreprise; leur emploi, et les travaux d'entretien qui sont faits à la journée par des cantonniers *stationnaires* (1),

---

(1) On doit la première institution des cantonniers, ou manœuvres stationnaires, aux états du Mâconnais : elle eut lieu en 1778. (De Fer, ouvrage cité, pages 440-467.)

qu'on appelle ainsi pour les distinguer des cantonniers *adjudicataires* établis en 1811. Les cantonniers stationnaires se tiennent sur les routes depuis le lever jusqu'au coucher du soleil, et sont constamment occupés à distribuer les matériaux sur les points où la chaussée a perdu son bombement ou son épaisseur, à faciliter l'écoulement des eaux, à dresser les accotemens, à enlever les boues, à combler les ornières; ils sont tenus, en outre, de prêter assistance aux voituriers et aux voyageurs, de rendre compte des délits dits de grande voierie, de donner avis aux maires et à la gendarmerie de tout ce qui peut intéresser la sûreté et la tranquillité publiques.

Les routes dites *militaires* ont pour objet principal de servir au passage des troupes ou de faciliter les manœuvres de celles qui sont chargées de la défense d'une frontière.

L'ordonnance de 1778 prescrivait de donner aux chemins que suivent les colonnes dans les marches, 10 mètres de largeur, et même 16 s'il était possible.

Une largeur de 2,60 suffit, au besoin, dans les parties en ligne droite d'une communication qui doit être parcourue par des voitures. Une largeur plus grande est nécessaire dans les tournans, pour le déploiement des attelages. *Voyez* page 14.

Du Profil des Routes.

En pays de plaine, la chaussée avait autrefois pour profil un arc de cercle dont la flèche était le $\frac{1}{12}$ au plus, et le $\frac{1}{24}$ au moins de la demi-largeur de la chaussée. Le profil de chaque accotement était formé par une droite, prolongement de la corde d'un des demi-arcs de la chaussée. L'inclinaison des accotemens variait par conséquent du $\frac{1}{12}$ au $\frac{1}{24}$ de leur largeur; on donnait le *maximum* dans les terres fortes, et le *minimum* dans les terres légères.

En général, la pente des accotemens est plus forte que celle de la route dans le sens longitudinal; les lignes de plus grande pente, dans le cas contraire, couperaient très-obliquement la direction des routes; de fortes dégradations devraient, par conséquent, être produites par les eaux pluviales. C'est aussi pour éviter cet inconvénient qu'on a rendu convexe la surface des chaussées. Cependant, lorsque la convexité excède celle qui répond au *minimum*, les voitures ont trop peu de stabilité. Aujourd'hui que leur nombre est beaucoup plus considérable qu'autrefois, et que l'on attache une plus grande importance à la rapidité du roulage, la flèche de l'arc des chaussées a été réduite au $\frac{1}{60}$ de la corde de ce même arc (1). Dans cette hypothèse, on aura :

La largeur de la chaussée étant de 6,66; 6; 5;
Pour la flèche. . . . . 0,13; 0,12; 0,10.

On appelle *routes en levée* celles qui sont construites entièrement en remblai; on peut souvent se dispenser de les accompagner de fossés (2).

En pays de montagnes, le profil des routes varie suivant qu'elles sont construites entièrement en déblai ou en remblai, ou partie en déblai et partie en remblai. Le premier cas se présente surtout dans les rampes dont la direction est à peu près celle des lignes de plus grande pente, le deuxième dans la traversée des terrains bas et humides, le troisième dans les chemins tracés à mi-côte.

En général, la largeur des routes en pays de montagnes est moindre que celle des routes en pays de plaines.

---

(1) Rondonneau, *Lois administratives de la France*. Paris, 1826, tome V, page 92.

(1) *Annales des Ponts et Chaussées*, tome II, pages 248-258. Les anciennes routes romaines étaient faites en levée.

Elle est communément de 10 mètres, quelquefois de 8 seulement; dans les hautes montagnes on la réduit à 6 mètres, et même à 5 mètres dans quelques parties.

Autrefois, lorsque la route était entièrement en déblai et en pente, on supprimait les fossés par économie, et l'on faisait une chaussée concave pavée, offrant vers son milieu un écoulement pour les eaux. Cette méthode qui avait des inconvéniens est aujourd'hui presque abandonnée.

On adopte pour les routes à mi-côte le profil général en le modifiant, ou un profil particulier, propre à ces routes et qui est connu sous le nom de *profil en revers*: fig. 8.

Les modifications à faire subir au profil général consistent à supprimer le fossé de l'accotement qui est en remblai, ou fig. 9, à supprimer ce fossé et à incliner en outre l'accotement dans un sens opposé à celui de la pente naturelle du terrain, de manière qu'une rigole se trouve comprise entre cet accotement et la chaussée. Cette rigole reçoit les eaux qui dégraderaient le remblai. Ces eaux sont détournées dans des conduits obliques appelés *cassis*, et tombent dans le fossé creusé au pied de l'escarpement du déblai. De ce fossé, elles sont portées dans la vallée par des aqueducs qui passent sous la route et qui sont voûtés ou couverts en pierres plates.

Les routes en revers, fig. 8, ont une pente transversale unique vers l'escarpement du déblai, au pied duquel règne le fossé destiné aux eaux pluviales. La limite de cette pente est de $\frac{1}{14}$. Les voitures qui cheminent sur ces routes étant constamment penchées, les chevaux fatiguent davantage. Elles ont quelques autres inconvéniens; toutefois le profil en revers est avantageux au raccordement de deux alignemens par une courbe; la pente, vers l'intérieur de la courbe, s'oppose au renversement des voitures du dedans au dehors (1). Pour cet objet, il suffirait de donner à la pente une inclinaison telle que la résultante du poids de la voiture et de la force centrifuge lui fût normale; mais déterminée par cette seule condition, la pente transversale serait trop faible dans les pays de montagnes; elle serait moindre que la pente longitudinale.

Le milieu d'une route en revers n'est pas toujours occupé par la chaussée; quelquefois dans les pentes rapides, il n'y a d'accotement que du côté du déblai; les voitures

---

(1) Voici le calcul. On sait que la force centrifuge d'un corps qui tourne autour d'un centre est égale à la force vive imprimée à ce corps, divisée par le rayon du cercle que décrit son centre de gravité; la force vive a pour expression le produit du carré de la vitesse du corps par sa masse, laquelle est égale à son poids divisé par la gravité.

Appelant f la force centrifuge d'un corps, m sa masse, p son poids, r le rayon de l'arc décrit, v la vitesse du corps par seconde comptée sur cet arc, d la gravité qui est égale à $9^m,80$, on aura

$$f = \frac{m v^2}{r} = \frac{p v^2}{g r}$$

Soit $p = 2,940$ kilogrammes, le poids d'une voiture, $v = 2$ mètres, $r = 18$ mètres; on trouvera $f = 120$ kilogrammes.

Si l'on forme actuellement un parallélogramme rectangle, dont l'un des angles ait pour sommet le centre de gravité de la voiture, et pour côtés une horizontale et une verticale sur lesquelles on porte, savoir : sur la première une longueur proportionnelle à la force centrifuge; sur la seconde, une longueur proportionnelle au poids de la voiture; la diagonale de ce parallélogramme fera avec la verticale un angle qui aura pour tangente

$$\frac{120}{2940} = \frac{1}{24,5}$$

C'est l'angle sous lequel doit être inclinée la pente transversale en terrain horizontal dans l'hypothèse adoptée.

Les considérations précédentes sont empruntées au *Résumé* lithographié du *Cours de Mécanique industrielle* fait à Metz en 1827-28 par M. le chef de bataillon du génie Poncelet, et rédigé par M. le capitaine du génie Gosselin, page 110.

qui montent, cheminent sur la chaussée, celles qui descendent suivent l'accotement.

Pour les routes construites entièrement en remblai, on adopte également, suivant les positions, le profil ordinaire ou le profil en revers.

Lorsqu'on veut assurer une longue durée aux routes en pays de montagnes, on soutient les remblais au moyen de murs dits de *soutènement*. Ces murs sont construits en maçonnerie ou en pierres sèches ; dans ce dernier cas, on leur donne un grand talus ; un parapet en maçonnerie ou un garde-corps en bois prévient les accidens ; cette précaution est surtout nécessaire dans les tournans. Une forte haie ou un trottoir élevé peuvent remplir le même objet.

En temps de guerre, la destruction des murs de soutènement suffit souvent pour rendre une route impraticable. En juillet 1808, deux coupures pratiquées par les Espagnols sur la route de Barcelone à Gironne, près d'Arens de-Mar, arrêtèrent un jour et demi le général Duhesme, lors de son expédition de Gironne. Au retour, on les évita, mais l'artillerie ne put passer par les chemins que l'on prit. (*Mémoires du colonel du génie Laffaille sur les campagnes de Catalogne*, *pag.* 71 *et* 109).

Sur un versant escarpé de montagnes, une route s'établit naturellement aux endroits où les lignes de plus grande pente commencent à être peu inclinées ; dans cette position elle reçoit le nom de *corniche*, parce qu'elle paraît à l'œil terminer la partie presque verticale de la pente de la montagne, comme une corniche termine un bâtiment ; on désignait ainsi l'ancienne route littorale de Gênes.

Enfin, dans les pays de hautes montagnes on garantit des avalanches, par des voûtes ou par des toits en charpente très inclinés, les parties de routes qui y sont exposées.

Du tracé des routes sous le rapport militaire et de leur pente longitudinale.

Les routes qui conduisent de la frontière dans l'intérieur du royaume, sont en général contraires à la défense; on doit, pour leur tracé, adopter les directions sur lesquelles se trouvent des positions militaires ou des obstacles capables d'arrêter l'ennemi. De là, l'importance de les faire passer dans les places fortes et de ne pas en augmenter le nombre, particulièrement dans les chaînes de montagnes, les forêts ou les marais qui couvrent certaines frontières.

Si l'on envisage, sous un autre rapport, les routes dirigées de l'intérieur ou de la capitale aux frontières, si on les considère comme lignes d'opérations dans une guerre offensive, la principale condition à laquelle elles doivent satisfaire est d'être les plus directes, de pouvoir être parcourues dans le moindre temps. La promptitude des communications pendant la guerre est du plus grand intérêt et peut entraîner des résultats supérieurs à tous les calculs. Parmi les routes modernes qui ont été ouvertes pour atteindre ce but, nous citerons la route de Metz à Mayence par Kaiserslautern, une des premières que Napoléon fit construire, celle de Genève à Milan par la rive méridionale du lac de Genève et par le Simplon; celle de Prad, dans le Tyrol, à Milan par la Valteline, ouverte par l'Autriche; la nouvelle route de Saint-Pétersbourg à Kowno par Louga et Dunabourg, plus courte de 50 lieues que l'ancienne qui passe par Wilna (1).

(1) *Journal des voies de communication*, N° XV, article du général Destrem.

La détermination du point où doit aboutir une route, sur une rivière qui sépare deux états, donne lieu aux considérations qui ont fait l'objet de l'Instruction sur la reconnaissance des rivières.

Les routes parallèles aux frontières, établissant une communication entre elles, sont très-favorables à la défense. Elles permettent de rassembler promptement les troupes réparties sur une grande étendue de terrain et de les porter aux points menacés. Lorsque ces routes sont couvertes par des canaux, des rivières ou des chaînes de montagnes, et qu'elles traversent des places fortes, l'ennemi ne peut pas en interdire l'usage à l'armée défensive, et il ne peut pas en profiter en l'absence de cette armée. Il est également avantageux qu'elles soient les plus directes.

Sur une frontière maritime, les routes défensives littorales doivent passer hors de portée de canon des points où peuvent mouiller les bâtimens de guerre.

Les considérations qui précèdent justifient les dispositions des ordonnances, qui soumettent tous les projets de routes, de ponts, de canaux, dans les départemens frontières, à l'examen d'une commission mixte composée de conseillers-d'état, d'officiers du génie et d'ingénieurs des ponts et chaussées.

Les points principaux du tracé d'une route déterminent en plaine des alignemens qu'on raccorde par des arcs de cercle, ou par des portions de paraboles. Ces courbes se tracent de la manière suivante :

Soient, fig. 3, deux alignemens donnés et représentant les axes de deux portions d'une même route, *a m b* l'arc de cercle qui doit les raccorder, *a' a''* la largeur de la route, *a' m' b'* et *a'' m'' b''* les projections de deux arcs de cercle concentriques au premier, et servant de limites à la route. La courbure de ces arcs doit être telle, que les voitures restant sur la chaussée, les plus longs attelages puissent tourner, sans cesser d'exercer toute leur force de traction.

Pour que cette condition soit remplie (1), $m\,l$ tangente à l'arc $a\,m\,b$, rencontrant au point f l'arc $a'\,m'\,b'$, il faut que la partie $m\,f$ de cette tangente ne soit pas moindre que la plus grande longueur des systèmes qui se meuvent sur la route. Appelant R le rayon de l'arc $a\,m\,b$, l la largeur de la route, et L la plus grande longueur des systèmes ou des attelages qui la parcourent, on aura dans le triangle $m\,f\,o$,

$$\overline{fo}^2 = \overline{mf}^2 + \overline{mo}^2 \text{ ; et en substituant}$$

$$(R + \tfrac{1}{2}l)^2 = L^2 + R^2 = R^2 + Rl + \tfrac{1}{4}l^2$$

$$\text{d'où } R = \frac{L^2 - \frac{1}{4}l^2}{l} \quad [1]$$

Si l'on suppose que le point m se trouve au milieu de l'arc $a\,m\,b$, le rayon $m\,o$ prolongé passera par le point S, et l'on aura dans le triangle $S\,a\,o$,

$$Sa : ao :: \cos. aSo : \sin. aSo;$$

$$\text{d'où } Sa = \frac{ao \cos. aSo}{\sin. aSo} = \frac{R}{\text{tang. } aSo} \quad [2]$$

Faisant, par exemple, $L=16$ mèt., $l=12$ mèt., $aSo=60°$, on trouvera $R=18^m, 33$, $Sa=10^m, 58$.

Au moyen de l'équation [1], connaissant R et L, on peut calculer la largeur qu'il est nécessaire de donner à la partie circulaire d'une route, qui doit être parcourue par un système de voitures déterminé.

Au moyen de l'équation [2], on peut calculer la lon-

---

(1) Collection lithographiée des ponts et chaussées, article de M. Robiquet.

gueur des tangentes Sa, Sb; cas qui se présente lorsque l'angle asb est donné, et qu'on connaît la valeur qui peut être attribuée à R.

Pour tracer par points l'arc de cercle AMB (*fig.* 6), on déterminera les points de rencontre des alignemens SA et SB avec des droites, telles que $B3$, $B2$, $B1$, $A1$, $A2$, $A3$, qui divisent en un même nombre de parties égales les angles égaux SAB et SBA. On suit la série naturelle des nombres 1, 2, 3, etc., pour marquer, à partir du point S, les points de rencontre sur SB, et la série inverse pour marquer les points correspondans sur SA. Il est facile de voir que les points d'intersection des droites A 1 et B 1, A 2 et B 2, A 3 et B 3, appartiendront à l'arc de cercle.

Si les points A et B étaient éloignés inégalement du point S, il faudrait employer plusieurs arcs de cercle de rayons différens.

La parabole a cet avantage sur le cercle, que sa courbure diminuant graduellement à partir du sommet, elle se raccorde mieux avec les alignemens. Son tracé d'ailleurs est sur le terrain d'une exécution plus facile. Soient (*fig.* 7) CS et DS les deux alignemens, il s'agit de tracer une parabole assujettie à leur être tangente aux points A et B. Les lignes SA et SB sont divisées en un même nombre de parties égales. On se sert de la série naturelle des nombres pour marquer à partir du point S les points de division de la ligne SB, de la série inverse pour marquer les points de division de la ligne SA. On joint par des droites les points de même cote. Ces points déterminent par leurs intersections, les sommets d'un polygone $1\ m\ n\ p\ 4$ (1) aux côtés duquel la parabole

(1) Chaque tangente est divisée en parties égales par le système de

cherchée doit être tangente. Les points de contact sont au milieu des côtés du polygone.

Dans la pratique on fait passer la courbe de raccordement par les sommets du polygone. Cette courbe est une parabole; mais elle n'est point tangente aux alignemens en A et B.

La connaissance du tracé des courbes de raccordement peut servir à rapporter les routes avec exactitude sur les cartes des levés à vue. Elle est nécessaire aux officiers chargés de tracer en campagne une route ou une communication quelconque. Dans le cas, par exemple, où une route devrait aboutir à un pont défendu par des ouvrages ennemis, il faudrait la tracer, de manière qu'elle ne fût en aucune de ses parties enfilée par le feu de ces ouvrages.

Dans les pays de montagnes, après avoir déterminé les points principaux par lesquels doit passer une route, il faut la tracer entre ces points, de manière qu'elle ait le moindre développement et une pente qui n'excède pas une limite fixée. Nous entrerons d'abord dans quelques détails sur les pentes limites à adopter pour les différentes communications.

Les avantages d'une pente assez douce, pour que le roulage n'ait pas besoin d'employer des chevaux de renfort n'étaient point appréciés autrefois. On évitait les changemens de direction, sans lesquels les routes en pays de montagnes sont toujours difficilement praticables; on ne regardait pas comme rapides les inclinaisons au $\frac{1}{14}$ et au $\frac{1}{12}$ qui sont très-communes en France. La pente limite était le $\frac{1}{7}$, 14 centimètres par mètre, c'est la plus

---

toutes les autres. Voyez un Mémoire intéressant de M. Brianchon sur les courbes de raccordement. (*Journal de l'Ecole Polytechnique*, 19e cahier, page 197.)

raide que peuvent monter les voitures chargées, sans le secours des machines, à l'aide desquelles on franchit les passages les plus difficiles. Voyez fig. 11.

La pente limite qui est adoptée en France depuis quelques années est de 5 centimètres par mètre, $\frac{1}{20}$. Les voitures chargées peuvent monter cette pente sans le secours de chevaux de renforts, et la descendre sans que leurs roues soient enrayées.

Suivant Gerstner (1), la pente limite des nouvelles routes en Autriche, dans les montagnes, est de 4 pouces par toise, ou $\frac{1}{18}$. Quatre chevaux attelés à une voiture traînent sur ces routes une charge de 2500 à 2800 kilogrammes, ou de 3360 à 4200 kilogrammes, y compris le poids de la voiture.

On regarde une route dont la pente est de 4 centimètres par mètre, $\frac{1}{25}$, comme pouvant être parcourue au trot, en montant, par la poste. La nouvelle route de la côte de Tarare satisfait à cette condition. La route du pays de Galles, qui est très-montueux, est remarquable par le peu de rapidité des pentes dont l'inclinaison n'excède pas $\frac{1}{30}$, à l'exception toutefois de deux pentes, qui sont, l'une de $\frac{1}{17}$, l'autre de $\frac{1}{22}$.

Les rampes les plus raides de la route du Mont-Cenis sont de 8 $\frac{1}{5}$ centimètres par mètre, environ $\frac{1}{12}$. Ces rampes sont en petit nombre et ont peu de longueur. La pente de la plus grande partie des autres rampes est de 5, 6, 7, 7 $\frac{1}{2}$ centimètres par mètre.

L'auteur des *Applications de Géométrie* (2) fait remarquer, que, lorsqu'il s'agit d'ouvrir une route dans

(1) *Mémoire sur les grandes routes*, in-8°, pages 56 et 144.

(2) *Applications de géométrie et de mécanique*, par Ch. Dupin; in-4°, page 90.

une chaîne de montagnes pour faire passer une armée et son matériel, on pourrait adopter deux pentes limites différentes, l'une pour les descentes, l'autre pour les montées.

Une pente uniforme d'une grande étendue a plusieurs inconvéniens. On lui préfère plusieurs pentes inégales, séparées par des paliers, et réparties de manière que la montée commence par une pente inclinée au maximum et finisse par une pente douce. Les paliers doivent être horizontaux, ou peu inclinés. Le développement plus grand qu'acquiert une route, dont on adoucit les pentes, doit aussi être pris en considération dans le tracé.

La pente limite des sentiers accessibles aux mulets chargés dans les Alpes, est de 55 centimètres par mètre. Elle répond à un angle de 29 degrés (1). Avant que la route actuelle carrossable du Saint-Gothard fût construite, on franchissait ce passage par des rampes dont l'inclinaison du côté de la Suisse variait de 10 à 35 centimètres par mètre. Les rampes étaient encore plus raides du côté de l'Italie.

La pente de 75 centimètres par mètre qui répond à un angle de 37 degrés est la limite de celle que les hommes peuvent gravir sans le secours des mains.

Dans les fortifications, les rampes sont d'autant plus raides que les points où elles conduisent sont moins élevés. Elles varient entre les limites suivantes, de $\frac{1}{2}$ pour une hauteur de 1 mètre, le $\frac{1}{12}$ pour une hauteur de 10 mètres. L'inclinaison de $\frac{1}{12}$ est aussi regardée dans les travaux militaires de terrassement comme la plus convenable pour

(1) Saussure, *Voyage dans les Alpes*, tome III, page 261, § 774. Cet auteur ajoute que les mulets qui ne sont pas chargés montent des pentes beaucoup plus raides.

le transport des terres à la brouette. Dans les travaux des ponts et chaussées, les prix du roulage en rampe à la brouette sont rapportés à des rampes inclinées à $\frac{1}{8}$. La pente limite est le sixième (1).

Passons actuellement à la détermination graphique d'une route dont on connaît le point de départ et le point d'arrivée. M. Ch. Dupin a donné de beaux développemens sur cette question (ouvrage cité page 91). Nous nous bornerons à exposer le principe sur lequel elle repose, d'après le *Cours de Construction lithographié* de feu M. Duleau, ingénieur en chef des ponts et chaussées (2).

Soient, fig. 18, VX et ZY, les projections de deux

---

(1) Dans plusieurs ouvrages américains, allemands, les pentes étant exprimées par les angles qu'elles font avec l'horizon, nous plaçons ci-dessous les différentes expressions équivalentes des pentes les plus usitées.

PENTES par mètre exprimées en centimètres.	LONGUEUR des bases, la hauteur prise pour unité.	DEGRÉS d'inclinaison à l'horizon.	GRADES d'inclinaison à l'horizon.
cent.		d ′ ″	
1.	100	0, 34, 22	0, 63, 66
2.	50	1 8 45	1 27 30
3.	33,33	1 43 9	1 91 «
4.	25	2 17 26	2 54 51
5.	20	2 51 44	3 18 45
6.	16,66	3 26 23	3, 81 51
7.	14,28	4 0 15	4 44 91
8.	12,50	4 34 26	5 08 21
9.	11,11	5 8 34	5 71 42
10.	10	5 42 38	6 34 51
11	9,09	6 16 38	6 97 48
12.	8,33	6 50 34	7 60 50
13.	7,69	7 24 25	8 25
14	7,14	7 68 10	8 85 51
15.	6,66	8 31 50	9 47 80
16	6,25	9 5 25	10 10 3
20	5, «	11 18 35	12 56 66
25	4, »	14 2 10	15 59 58

(2) M. Duleau est mort de l'épidémie, en 1832, victime de son zèle pour les travaux publics.

courbes horizontales du terrain, cotées, l'une 10 mètres, l'autre 12 mètres, entre lesquelles la surface du terrain puisse être considérée comme plane. Supposons que la pente limite adoptée soit de 5 centimètres par mètre, $\frac{1}{20}$. On prend un point quelconque *O* sur l'une des courbes, et de ce point comme centre, avec un rayon de 40 mètres à l'échelle de l'épure, on décrit un arc de cercle qui coupe en deux points l'autre courbe; soient *L* et *N* ces points; les droites *OL*, *ON* seront les projections de droites situées sur la surface du terrain et ayant l'inclinaison adoptée.

Soient *A* et *B* deux points du tracé, *ACDB* une droite qui les joint; les cas suivans peuvent se présenter.

1er *cas.* Si *CD* est égal ou plus grand que *ON*, la direction *ACDB* satisfait aux conditions voulues.

2e *cas.* Si *CD* est plus petit que *ON*, du point *B*, on mènera la droite *BF* normale à la courbe *YZ*, et du point *A* la droite *AE* normale à la courbe *VX*; on joindra les points *E* et *F*, et si *EF* est encore plus petit que *ON*, on fera un lacet *EHF* ou *EGF* composé de droites parallèles à *OL* et à *ON*.

3e *cas.* Si *EF* est plus grand que *ON*, par le point *S* intersection des droites *AF* et *EF*, on menera la droite *RQ* parallèle à *ON*, et l'on joindra le point *R* au point *A*, et le point *Q* au point *B*; *BQRA* sera la direction de la route. On démontre que dans ce cas *BQ* est parallèle à *AR*.

On emploie pour le raccordement des alignemens, dans les pays de montagnes, des méthodes qui diffèrent peu de celles qui ont été exposées au commencement de cet article. On adoucit les pentes dans les raccordemens par les raisons qui ont été dites en traitant du profil des routes. On y fait quelquefois des paliers peu inclinés sur lesquels les voitures peuvent s'arrêter sans danger.

On se sert d'un éclimètre pour tracer les pentes sur le terrain.

Construction des routes.

La rédaction du projet d'une route exige un levé du terrain qu'elle doit traverser. On exécute ce levé par courbes horizontales. Après avoir déterminé par des considérations diverses, étrangères à notre objet, les principaux points de l'axe de la route, on construit plusieurs profils transversaux, à l'aide desquels on calcule les déblais et les remblais du projet. On fait varier la position de ces profils et les dimensions de la route, de manière que les déblais soient à peu près égaux aux remblais. On appelle *cotes noires* les cotes des points du terrain rapportées à un plan horizontal de comparaison passant au-dessus du terrain; *cotes rouges* les cotes des points du projet; *points de passage* les points communs au terrain et à la route. Pour simplifier ces calculs, on substitue au profil de la chaussée et de l'accotement une ligne horizontale, tracée de manière que le déblai de l'encaissement de la chaussée au-dessous de cette ligne soit égal au remblai de l'accotement au-dessus de la même ligne.

On exécute d'abord les terrassemens jusqu'à cette horizontale. Dans cet état, la route est dite *ouverte;* les voitures peuvent y circuler. Il reste à construire la chaussée.

De la construction des chaussées.

On emploie pour la construction des chaussées beaucoup de méthodes différentes : nous ne ferons connaître que celles qui sont le plus en usage.

Chaussée en pavé. (Fig. 1re.)

La pierre dont on se sert de préférence pour la construction de cette espèce de chaussée est le grès dur. L'expérience a appris que, pour offrir une résistance convenable, les pavés devaient être équarris et présenter sur toutes leurs faces un carré de deux décimètres de côté. On les établit sur un lit de sable normalement à la surface de la chaussée, par rangées alignées et à joints recouverts. Le lit de sable qu'on appelle *forme* doit avoir environ 0^m,16 d'épaisseur. Au besoin 12 centimètres suffisent. Le profil de l'encaissement qui reçoit la forme est un arc de cercle concentrique à celui du cercle de la chaussée.

Si la route est faite en remblai, il faut bien damer les terres ou attendre qu'elles soient rassises. On pose d'abord les deux rangées extrêmes qui sont formées des pavés les plus gros, et qu'on appelle bordures. On frappe tous les pavés avec la hie, on s'assure que leur surface supérieure est conforme au profil, puis on étend sur la surface de la chaussée une couche de sable de 2 à 3 centimètres d'épaisseur, pour garnir les joints, qui ne doivent pas avoir plus de 14 millimètres de largeur.

L'épaisseur totale de la forme, du pavé et de la couche de sable est de 38 à 40 centimètres.

Les chaussées en pavés bien équarris offrent au roulage une surface plus unie, et un fond plus solide que les chaussées en empierrement. On les préfère à celles-ci pour l'abord des grandes villes et la traversée des villages. Lorsque la pierre est trop tendre pour être durable, on ne fait pas la dépense de la taille. Aux abords de Lyon, les chaussées sont pavées en gros cailloux.

Dans quelques parties de la Hollande, les chaussées sont pavées en briques, posées de champ, suivant leur longueur, sur une couche de sable qui a 23 centimètres d'épaisseur. Les briques qu'on emploie ont 23 centimètres de long, 11 de largeur, et 4 ½ d'épaisseur : elles forment les chaussées les plus belles et les plus commodes; mais ce système ne peut convenir que dans un pays coupé de canaux, et dont les routes ne sont pas fatiguées par le roulage.

Chaussée française en cailloutis avec empierrement.

(Fig. 2e.)

La construction de cette chaussée, qui est en France la plus en usage, exige beaucoup de soin. Il est important de se conformer aux principes et aux règles qui déterminent la formation de l'encaissement, le choix et la pose des bordures, la disposition relative des pierres, en raison de leur grosseur, de leur densité, et de la nature de leur composition qui les rend plus ou moins susceptibles de résister au poids des voitures et aux injures de l'air.

La chaussée française en cailloutis se compose ordinairement de trois couches, comprises entre deux bordures dont on ne doit voir qu'une arête parallèle à l'axe de la route, et séparant l'accôtement de la chaussée. Les trois couches ont une épaisseur totale de 0m,36. L'épaisseur de la première est de 0,18, celle de chacune des deux autres de 0,09.

Des moellons posés de champ à la main, et de manière qu'il y ait peu de vides, composent la première couche, qui peut être considérée comme la fondation de la chaussée; elle constitue l'empierrement proprement dit; on lui donne aussi le nom de hérisson. On fait la seconde couche avec des pierres très-dures cassées à la masse, et réduites à la grosseur d'un cube de 4 à 5 centimètres de côté. Enfin la troisième est formée de gros gravier, ou, ce qui est préférable, de pierres dures et siliceuses cassées au marteau sur une espèce d'enclume, et divisées en cubes de 3 centimètres de côté. On se sert d'une pelle de fer pour jeter successivement entre les bordures les matériaux des deuxième et troisième couches. On arrange les matériaux de la troisième avec un rateau à dents de fer ; le fond de l'encaissement peut être plat ou convexe. On dresse la surface de la chaussée au moyen d'un profil mobile en bois appelé *cerce*. On doit, pendant quelque temps, veiller avec soin à ce qu'elle n'éprouve pas d'altération. Pour que cette condition soit remplie, on exige des cantonniers qu'ils fassent journellement les rechargemens nécessaires, qu'ils régalent les aspérités, rabattent les bourrelets, et comblent les ornières à mesure qu'elles se forment. L'expérience prouve qu'en suivant exactement ces procédés, on obtient une chaussée solide et durable.

Les bordures servent à retenir les matériaux qui forment la chaussée, et sont utiles comme repères pour en reproduire la forme au bout d'un certain temps.

Lorsque le terrain a peu de consistance, on emploie, pour la formation de la première couche, des dalles ou pierres plates de 8 centimètres d'épaisseur.

La première couche n'est pas nécessaire sur le roc : les couches de petits matériaux composent seules la chaussée dans ce cas (1).

Chaussée anglaise en cailloutis sans empierrement, dite à la Mac-Adam. (Fig. 3e.)

Les routes, en Angleterre, sont généralement plus étroites qu'en France. Leur largeur varie seulement de 6

(1) (Busson-Descars, *Essai sur la cubature des terrasses*, Paris, 1818, page 51.) « J'ai fait construire autrefois un chemin sur un rocher fort dur : une fois qu'il y eut des ornières, les roues des voitures coururent le risque de se briser, et je fus obligé de faire creuser dans le rocher un encaissement de 27 centimètres de profondeur pour y former un empierrement. »

à 9 mètres ; elles sont entièrement empierrées ou cailloutées.

Des trottoirs également cailloutés règnent des deux côtés de la route ou d'un côté seulement. Au-delà des trottoirs, se trouvent des haies ou des fossés qui leur sont parallèles. Les eaux de la route passent sous les trottoirs en suivant des aqueducs. La flèche du profil de la chaussée est égale au soixantième de la largeur.

M. Mac-Adam pense que le sol naturel, lorsqu'il est sec et suffisamment compact, peut, sans être enfoncé, porter le poids des voitures les plus lourdes ; que l'objet de la chaussée est de maintenir le sol dans cet état, en le garantissant de la pluie et de l'humidité ; que, lorsqu'on construit une chaussée avec des matériaux de dimensions différentes, les plus grosses pierres sont sans cesse ramenées à la surface par la pression des roues. Il réduit à 18 centimètres l'épaisseur de la chaussée, et la compose tout entière de pierres exactement de la même grosseur (5 à 6 centimètres en tous sens), et dont le poids est de 0,$^{\text{kilog.}}$17. Ces pierres sont jetées à la pelle par couches successives. Chaque couche est étendue uniformément avec un rateau. Ce travail exige du soin : il doit être fait par portions (1). La solidité est d'autant mieux garantie que les points de contact sont plus multipliés ; sous ce rapport, on préfère aux cailloux roulés les pierres de forme anguleuse. Plusieurs routes, en France, doivent être construites d'après ce système.

Observations sur les Chaussées en cailloutis.

On s'est beaucoup occupé depuis quelques années de

(1) *Instruction* de M. le Préfet du Loiret, *sur les chemins vicinaux et communaux.*

la construction des chaussées en cailloutis avec ou sans empierrement. On condamne assez généralement l'usage des accotemens comme étant de peu d'utilité et ayant le double inconvénient d'entretenir l'humidité du sol sur lequel repose l'empierrement, et de mêler de la terre aux matériaux qu'on emploie soit à la construction, soit au rechargement de la chaussée. La terre produit la boue qui détériore les routes; le curage des boues est une partie essentielle de l'entretien des routes. Néanmoins, nulle part, excepté en Angleterre, on n'a encore renoncé aux accotemens.

Toutes les chaussées en cailloutis opposent une grande résistance au roulage pendant un temps plus ou moins long après leur construction. Il est important, sous ce rapport, que les matériaux qu'on emploie soient bien cassés et aient la grosseur voulue, suivant leur nature et le roulage du pays. Les débris de carrières et de pierres brisées sont recommandés pour remplir les vides et hâter l'époque où la surface de la chaussée sera ferme et unie. On a aussi proposé de faire passer sur les routes un cylindre en fer, avant de les livrer à la circulation. Une route est à l'état d'entretien lorsque sa chaussée a acquis la consistance nécessaire pour être imperméable à l'eau de pluie, et pour n'être jamais entamée par le roulage que dans l'épaisseur de la couche de matériaux qui est annuellement renouvelée à sa surface. Lorsqu'une route française, arrivée à cet état, est parfaitement entretenue, son empierrement ne fait aucun mouvement. Mais si cette route a été mal établie, ou est mal entretenue, les pierres du fond viennent à la surface, et, étant plus grosses, elles rendent le roulage très-difficile. Toutefois, la route n'est pas défoncée et est encore viable.

La chaussée à la Mac-Adam, composée de matériaux

d'égale grosseur, a l'avantage de l'homogénéité; elle s'use également sur tous les points, et, quoique usée sur une partie de son épaisseur, elle conserve, sans exiger de rechargemens, ses qualités, et est également unie et uniformément résistante. Elle a, en outre, suivant M. Polonceau dont nous empruntons les expressions (1), la propriété que ses matériaux cèdent à la compression sans se briser. On dit contre le système de Mac-Adam, que l'égalité de grosseur des matériaux est une condition qui exige beaucoup de main-d'œuvre, qui ne peut pas toujours être remplie, qu'une chaussée de 18 centimètres d'épaisseur ne résisterait pas long-temps au roulage qui se fait en France. D'habiles ingénieurs pensent que la nature variée des terrains et des matériaux qu'on rencontre s'oppose à ce que l'on prescrive des règles générales et absolues sur la construction et l'entretien des routes. Suivant eux, l'empierrement en moellons n'est pas nécessaire dans toutes les localités pour obtenir une bonne chaussée; mais le décroissement de grosseur des matériaux doit être observé, dans la formation de la dernière couche.

Matériaux des chaussées en cailloutis.

La première couche peut être construite avec toute espèce de pierre qui ne soit pas en décomposition. Les couches supérieures ne doivent contenir que des pierres dures.

Le granit, réduit en petits fragmens et mêlé avec le gneiss, est d'un bon usage à la surface des routes. Le porphyre fait des routes médiocres. On a remarqué que

(1) *Observations sur les routes*, etc. In-4°, Paris, 1820, page 45.

les chaussées dont la couche inférieure avait été faite en schiste étaient faciles à entretenir.

Mais les matériaux les plus propres à la construction des routes sont les cailloux. Ils peuvent être employés avec avantage soit dans la fondation, soit à la surface. On distingue le quartz hyalin qui se trouve dans les terrains anciens, et le quartz commun qu'on trouve sous différentes formes et grosseurs dans les champs et dans les rivières. Il faut toutefois exclure de la couche supérieure de la chaussée les cailloux ferrugineux très-durs qui résistent au broiement des roues des voitures, et il faut casser les cailloux qui ont plus de 5 centimètres de diamètre.

On doit faire un choix parmi les grès, et les soumettre à quelques épreuves à l'air ou dans l'eau. Les meilleurs sont les grès quartzeux. Les grès calcaires viennent ensuite. Les grès alumineux attirent l'humidité. Les grès ferrugineux se décomposent à l'air.

Parmi les pierres calcaires, les meilleures sont celles qui contiennent des grains de quartz visibles ou des particules quartzeuses très-atténuées ; ensuite viennent les calcaires purs compactes, enfin les calcaires argileux. Les matériaux calcaires doivent à la nature de leurs *détritus*, de se lier entre eux plus promptement que ne le font les matériaux siliceux. Ils sont préférés à ces derniers par quelques ingénieurs (1).

Le gravier est excellent pour former la dernière couche de la chaussée des routes. Il n'a pas d'affinité avec l'eau et n'est jamais long-temps humide. A défaut de pierres pour la fondation, on peut construire une route entièrement en gravier, comme cela se pratique dans plusieurs contrées, et notamment dans les départemens du Rhin.

(1) Berthault-Ducreux, *Notice sur les grandes routes.*

Les pierrailles qui proviennent des carrières, et toutes les petites pierres dures peuvent être employées avec avantage à la surface des routes.

Les décombres, provenant de la démolition de maçonneries, ne résistent pas long-temps au roulage; cependant on en fait usage à défaut d'autres matériaux.

Les scories des foyers où l'on brûle de la houille, et surtout celles des forges et hauts fourneaux, font un bon usage à la surface des routes établies sur un fond argileux ou marécageux. Il faut avoir l'attention, pour qu'elles ne blessent pas les pieds des chevaux, de les réduire en petits fragmens et de les damer fortement.

Le sable de ruisseau et le gros sable de carrière, rouge ou gris, peuvent être utilisés dans la construction des routes. Les sables terreux et les sables mêlés de limon doivent être rejetés.

On ne peut également faire aucun usage des terres meubles, des terres grasses noires, rouges ou jaunes; mais à défaut d'autres matériaux, on peut employer sur l'empierrement les terres mêlées de sable et de gravier, les terres calcaires, les terres schisteuses. L'eau ne les pénètre pas aisément quand elles ont été bien damées (1).

Des Chaussées, soit en fascines, soit en rondins.

On emploie les fascines, dans la construction des parties de route qui traversent des marais, pour former une espèce de grillage qui répartit le poids de la route sur une grande surface. On les dispose par couches ou tunes dont le nombre est déterminé par la hauteur à laquelle doit être établie la chaussée. On pose les fascines de la

(1) Fabert, *Traité pratique de la construction des routes et ponts militaires.* In-8°, Allemagne, Carlsruhe, 1824.

dernière couche perpendiculairement à l'axe de la route, et deux cours de fascines, tenant lieu de bordures, forment l'encaissement qui reçoit les matériaux de la chaussée.

Les chaussées en rondins sont très-communes dans quelques parties de l'Allemagne et de la Pologne. On les construit de la manière suivante (fig. 4): après avoir aplani le sol sur une largeur d'environ 8 mètres, on y établit quatre cours de longrines sur lesquelles on pose des rondins jointifs. Ces rondins sont maintenus en place par deux autres cours de longrines brêlées avec les premières. Enfin on charge cette chaussée de gravier ou de sable. Si le sol manque de consistance, on dispose des rondins de distance en distance transversalement, et sur ces rondins on place les quatre cours de longrines.

On a exécuté dans les Landes, il y a quelques années, 10 kilomètres de route royale en pièces de bois de pin proprement équarries.

Chaussées sur la glace.

Dans le nord, où l'on passe pendant l'hiver les rivières sur la glace, on en fortifie quelquefois la surface, sur une largeur double de la voie des voitures, par deux couches de paille de 16 centim. d'épaisseur, sur lesquelles on verse de l'eau à plusieurs reprises. Cette eau se gèle et lie entre elles les couches de paille, qui doivent se croiser à angles droits.

Ce moyen a été pratiqué sur le Rhin, à la fin de 1793, par M. Six, inspecteur divisionnaire des ponts et chaussées. Cet habile ingénieur fit étendre en travers, sur une largeur triple de la voie nécessaire, des couches de paille de 16 à 20 centim. d'épaisseur, qu'il fit couvrir de glaçons pris à une assez grande distance, de manière à ce que le milieu eût 1 mètre d'épaisseur, et les bords 65 centim. De l'eau versée sur ces glaçons concassés gela promptement et fit une masse compacte liée avec la glace qui couvrait le fleuve. Des débris de pierres et de cailloux furent répandus sur la voie (1).

Il est d'expérience que, lorsque la glace d'une rivière a 27 centimètres d'épaisseur, les voitures chargées peuvent passer dessus en toute sécurité. Suivant quelques auteurs, la glace qui a 10 centimètres d'épaisseur peut donner passage à des hommes détachés, à des chevaux isolés, et à des voitures légères. On peut faire passer des pièces de 12 sur une glace qui a 16 centimètres d'épaisseur et dont la surface inférieure touche l'eau, pourvu qu'on ait la précaution de placer des madriers sous les roues des affûts. Mais quelle que fût l'épaisseur de la glace, s'il y avait des solutions de continuité dans sa surface, elle ne serait pas capable de porter un poids considérable, parce que la pesanteur spécifique de la glace flottante diffère très-peu de celle de l'eau. Si au contraire sa surface est continue et sans fêlures, elle pourra porter un poids d'autant plus grand qu'elle sera plus épaisse, parce qu'elle peut être considérée comme une voûte plate qui s'appuie sur l'eau et dont les culées sont les bords de la rivière.

Des cassis et écharpes ou revers d'eau.

On appelle *cassis* les ruisseaux que l'on fait sur les routes, ils sont ordinairement pavés; leur direction est oblique ou perpendiculaire à celle de la route. Le raccordement de deux pentes en sens opposé, dans le fond d'un vallon, donne lieu aux *cassis perpendiculaires*: les plus petits ont depuis 3 jusqu'à 6 mètres d'ouverture

---

(1) Duleau, *Cours de construction lithographié.*

et $\frac{1}{18}$ de flèche. On donne une grande largeur aux cassis dans les torrens, afin que les eaux y prennent moins de hauteur. Un cours d'eau, traversé par une route sur la pente d'une montagne, exige un *cassis oblique*. Un cassis perpendiculaire, dans ce cas, opposerait aux voitures un obstacle difficile à franchir.

Les cassis obliques sont en outre employés pour détourner les eaux pluviales, sur les routes, dont la pente longitudinale l'emporte sur la pente transversale; on les trace sur les routes en revers, suivant les lignes de plus grande pente de la surface de ces routes, pourvu toutefois que la direction de ces lignes ne coïncide pas avec la diagonale du parallélogramme que forment les points d'appui opposés des voitures à quatre roues, parce que, si cela avait lieu, une roue de devant et une roue de derrière se trouveraient en même temps engagées dans le cassis. Par cette construction, l'inclinaison du cassis est égale à celle de la ligne de plus grande pente; si elle n'était pas suffisante, on l'augmenterait en creusant un peu le cassis en aval: on forme un bourrelet sur le bord vers lequel les eaux tendent à s'écouler: la fig. 10 en est le profil. Dans les montées, le bourrelet, lorsque les voitures l'ont franchi, s'oppose au mouvement rétrograde que la pente tend à leur imprimer; il est construit en cailloutis. Le cassis a $1^{m},50$ à 2 mètres de largeur, et $\frac{1}{10}$ à $\frac{1}{15}$ de flèche. Quelquefois le cassis est construit entièrement en relief; il présente, dans ce cas, un bourrelet de 30 centimètres environ de relief sur un empatement de $5^{m},50$, dont $1^{m},50$ en amont et 4 mètres en aval.

Tout ce qui précède est applicable aux cassis en chevrons brisés et aux écharpes nécessaires sur les routes bombées, dont les pentes sont longues et un peu fortes. Les écharpes ne traversent que les accotemens; elles sont construites tantôt en pavés, tantôt en petites pierres, quelquefois même en terre. Elles ne sont employées aujourd'hui que sur les routes construites dans les terrains sablonneux que les eaux ravinent aisément; elles se placent de 20 mètres en 20 mètres dans ces terrains. Les pentes douces épargnent ces ouvrages qui rendent le roulage si pénible.

De quelques ouvrages accessoires.

Ces ouvrages sont les plantations, les bornes milliaires, les poteaux indicateurs, quelquefois des fontaines et des abreuvoirs.

Les plantations règnent des deux côtés de la route et au-delà des fossés. Elles ne font point partie du domaine de l'état.

Les bornes milliaires servent à faire connaître exactement la distance d'un lieu à un autre, qui n'est donnée qu'approximativement par le nombre de postes marqué sur les cartes : ces bornes étaient autrefois placées de *mille* en mille toises. Les nouvelles bornes kilométriques sont séparées par des intervalles de mille mètres. Chaque dixième borne, comme marquant un myriamètre, a de plus grandes dimensions que les autres; sur les routes partant de Paris, les distances sont mesurées d'un point pris sur le Pont-Neuf. Le point de départ était autrefois près l'église Notre-Dame.

Les poteaux indicateurs se placent à la sortie des villes, bourgs et villages, et sur tous les points où viennent aboutir deux ou plusieurs routes. Leur utilité fait regretter qu'en France on ne les ait pas assez multipliés. Ils servent en temps de guerre à déterminer la direction des colonnes (1).

(1) On plante aussi quelquefois des poteaux auprès des ponts, pour in-

Dans les pays de montagnes, où il tombe beaucoup de neige, les routes sont jalonnées par des perches plus ou moins élevées.

Destruction et réparation des routes en campagne.

On coupe les routes dans une retraite ou pour la défense d'une place, d'une position, d'une frontière. On les détruit dans les défilés sur une étendue plus ou moins grande; on les coupe aux endroits où elles sont resserrées entre des obstacles que l'ennemi ne saurait franchir, en sorte qu'il soit obligé de les rétablir pour continuer sa marche.

Pour réparer une route qui a des ornières, on enlève la terre et la boue des ornières, on en repique le fond, et on les comble avec de gros gravier ou avec des pierres cassées à la grosseur de 3 ou de 5 centimètres, suivant qu'elles sont plus ou moins dures. On mêle aux pierres les débris du cassage. On se garde de rabattre dans les ornières les bourrelets de boue qui sont ordinairement sur leurs bords. — Si une route est défoncée, on nettoie d'abord les trous qui s'y sont formés, et, après avoir fait dans le fond de ces trous un empierrement en moellons posés à la main et battus fortement, on les remplit avec de petits matériaux. — A défaut de pierres, dans une forêt, pour réparer un mauvais pas, on fait usage de fascines ou de petits branchages que l'on charge d'une couche de sable de 3 centimètres d'épaisseur. Si l'on a des pierres, on fait une chaussée en cailloutis selon les règles enseignées. — On vide les mares d'eau par des rigoles qu'on ouvre et qu'on comble ensuite ou qu'on transforme en petits aqueducs. En général, il faut attacher de

diquer leur position : cette précaution est surtout nécessaire en campagne dans les pays coupés de ruisseaux et de canaux.

l'importance à procurer un écoulement aux eaux. Quelquefois la route manque de fossés ou sa chaussée n'est plus bombée. Dans ce dernier cas, il faut y répandre une couche de gros gravier ou de pierres cassées à la grosseur de trois centimètres. Les aqueducs qui passent sous les routes sont quelquefois obstrués par la neige ou par des pierres et des terres. — Les chemins vicinaux ont rarement une bonne chaussée, souvent elle a été faite sans art avec de grosses pierres qu'on n'a pas pris la peine de casser. — Les chemins creux ont rarement la largeur voulue pour le passage des voitures militaires. On doit avoir l'attention, en les élargissant, de jeter la terre en dehors des deux côtés; le travail est plus long, mais le chemin en est meilleur. — On rend les communications des pays de montagnes praticables à l'artillerie, en leur donnant plus de largeur dans les coudes, et en adoucissant les pentes dont l'inclinaison dépasse la limite qui a été assignée. Les chemins raides sont moins incommodes que les chemins sinueux, parce qu'on peut franchir les pentes raides en augmentant les attelages; il faut avoir recours aux machines, moufles ou cabestans, pour suppléer aux attelages dans les tournans étroits où ils ne peuvent se déployer. — Enfin, avant d'entreprendre la réparation d'un mauvais pas qui exigera un temps quelquefois considérable, il faut s'assurer si on ne peut pas l'éviter, en faisant un détour.

Des routes d'Allemagne.

Le mot *route* se traduit en allemand par *Strasse*, et par *Kunstsstrasse*, lorsqu'on veut spécifier que la route a une chaussée. Dans une grande partie de la Hongrie, de la Pologne, de la Russie et en Turquie, les routes sont établies sur le terrain naturel, sans chaussée.

Le mot *chemin* se traduit par *weg*, celui de sentier par *pfad* et par *steige* dans les pays de montagnes. On désigne les chemins par les noms de fahrwege, reitwege, fusswege, suivant qu'ils sont destinés aux voitures, aux cavaliers, aux piétons. On appelle nebenstrasse, nebenwege, les embranchemens de routes ou chemins.

Le mot *chaussée* se traduit par *fahrbahn* ou plus exactement par *steinbahn*, *steinstrasse*, etc. ; le mot *accotement* par ceux de *sommerweg*, *fussweg*, *fusspfad*, suivant la largeur de l'accotement.

Les chaussées en rondins sont appelées *knippelwege*, *prügelwege*.

En Autriche les routes sont divisées en routes impériales et routes commerciales, *kaiserstrassen* et *commerzialstrassen*.

En Prusse elles sont divisées en routes de l'état et routes des cercles, *staatsstrassen* et *bezirksstrassen*. L'étendue des routes avec chaussée était peu considérable en Prusse avant 1815 ; on y comptait déjà à la fin de 1827, 6600 kilomètres de routes d'état et 820 kilomètres de routes des cercles. Le gouvernement a publié en 1824 une instruction sur la construction des routes, dont voici quelques-unes des dispositions (1).

LARGEUR DES ROUTES.

DESIGNATION.	chaussée.	chemin d'été.	deux banquettes.	TOTAL.
Route très-fréquentée	5,	3,75	3,75	12,50
id. sans chemin d'été......	6,25	»	3,75	10, »
Route en pays de montagnes.	3,75	3,15	2,50	9,40
id. sans chemin d'été.....	5, »	»	2,50	7,50

(1) Wesermann, *Manuel pour la construction des routes et des ponts.* 2e édition. — Dusseldorf, 1830, page 249.

La chaussée est au nord ou à l'ouest, l'accotement au sud ou à l'est. Quelques routes ont deux accotemens (1), dont un reçoit les matériaux destinés à l'entretien de la chaussée. Au-delà des banquettes servant de trottoirs sont les fossés de la route. Des arbres sont plantés sur les banquettes.

La chaussée doit être construite suivant la méthode française, et composée de trois couches de pierres de grosseur décroissante, depuis le fond de l'encaissement jusqu'à la surface de la route. Ces couches doivent être contenues par deux bordures. La dernière et l'accotement reçoivent une couche de gravier de 8 centimètres d'épaisseur. La grosseur du gravier doit être de 2 millimètres au moins et de 25 millimètres au plus. L'instruction prescrit de faire passer sur la route un cylindre en fer du poids de 2500 à 4000 kilogrammes, suivant la dureté des matériaux.

On supprime le chemin d'été dans les montagnes et sur les routes construites entièrement en gravier. Le bombement de ces dernières est fixé à $\frac{1}{18}$ de leur largeur.

La chaussée doit en général être élevée de 60 centimètres au-dessus du terrain, et de 1 mètre à $1^m,20$ si le sol est humide.

La pente limite longitudinale est fixée à $\frac{1}{18}$ en pays de montagnes. Les cassis en bourrelets sont proscrits.

On augmente plus ou moins la largeur des parties de route circulaires qui raccordent deux alignemens suivant que l'angle formé par ces alignemens est plus ou moins grand. L'augmentation est de $\frac{1}{4}$ de la largeur ordinaire

---

(1) On n'a pas observé l'instruction de 1824 dans la construction de la nouvelle route de Berlin à Kœnigsberg, achevée en 1828. Cette route a deux accotemens, et la chaussée a été faite en cailloutis suivant la méthode de

depuis l'angle de 120° jusqu'à celui de 90, et de $\frac{1}{2}$ de la largeur ordinaire depuis l'angle de 90° jusqu'à celui de 60; au-dessous de 60°, on ajoute à la voie de la route des places de repos. La pente longitudinale doit être nulle dans l'étendue des raccordemens.

Des résistances que doit vaincre la force motrice sur les routes.

La force motrice appliquée à une voiture doit, sur une route horizontale, vaincre le frottement de l'essieu et la résistance du terrain aux points sur lesquels portent les roues. Sur une route inclinée, la composante du poids de la voiture, parallèle à la route, s'ajoute à la résistance, ou vient en déduction de la force motrice, selon que la voiture monte ou descend. Ces trois élémens composent le travail résistant dans le transport des fardeaux au moyen des voitures, abstraction faite du jeu des ressorts et des forces vives nécessaires au moment du départ pour vaincre l'inertie.

On appelle *quantité d'action* le produit d'un poids par une distance, qui représente la hauteur à laquelle le poids a été élevé; et l'on prend pour unité de la quantité d'action, mille kilogrammes ou un mètre cube d'eau élevé à un mètre de hauteur; c'est ce qu'on appelle une *dynamie*. La quantité d'action journalière d'un fort cheval de roulage, qui conduit une voiture au pas, est d'environ 1,800 dynamies; elle est équivalente

à un poids de 60 kilogr. élevé à 30,000 métr. de hauteur, ou à un poids de 45 kilogr. élevé à 40,000 mètr. de hauteur.

Mac-Adam. Les routes des provinces occidentales n'ont qu'un accotement. (*Notes et Réflexions sur la Prusse en 1833, par M. le général de Chambray*, page 8.)

Les deux facteurs de ce produit peuvent varier entre certaines limites. Ce produit lui-même n'est pas constant ; la quantité d'action journalière d'un cheval qui est conduit avec une grande vitesse, celle d'un cheval qui est obligé de donner des coups de collier, sont moindres que la quantité d'action journalière ordinaire (1). Le coup de collier du cheval a pour mesure un effort de 350 à 400 kilogrammes.

Le poids élevé exprime la force de traction du cheval ; il est très-différent du poids que peut traîner le cheval au moyen d'une voiture : ce dernier varie suivant la nature et l'état des routes, et suivant les voitures. On exprime fréquemment la force de tirage par son rapport à la charge totale. Par exemple : pour une route sur laquelle la charge totale, qui peut être traînée dans un jour par un cheval à la distance de 30,000 mètres, est de 1,200 kilogrammes, la force de tirage est $\frac{1}{20}$ de la charge totale.

Le travail journalier du cheval, dans l'hypothèse précédente, est égal à

1,200 kilogr. × 30,000 mètr. = 36,000,000 kil. mètr.

Cela posé, désignons par p le poids de la charge, par ϖ le poids de la voiture, moins les roues ; par r le rayon de l'essieu, par R celui des roues ; enfin, par f le rapport du frottement à la pression. La force nécessaire pour vaincre le frottement de l'essieu dans les moyeux, que nous désignons par q, est exprimée approximativement par

$$f\,\frac{r}{R}\,(\varpi + p)\ [1];$$

(1) *Journal du génie civil*, tome VII, page 492. *Ann. des Ponts et Chaussées*, 3e année, 1er cahier, page 126.

f' étant égal à $\frac{f}{\sqrt{1+f^2}}$; mais on peut négliger f^2 devant l'unité et faire $f'=f$. Le coefficient f est égal à $\frac{1}{8}$ pour un essieu de fer, tournant dans une boîte de cuivre enduite de vieux oing.

Soit, par exemple, $R=0^m,90$, $r=0^m,03$, $\varpi+p=960$ kil. on aura,

$$q=\frac{1}{8}\cdot\frac{3}{90}(960\text{ kilogr.})=4\text{ kilogr.}$$

Ce résultat nous apprend que le frottement de l'essieu est la moindre partie du travail résistant. On voit aussi par l'équation [1], qu'il est avantageux de diminuer le rayon de l'essieu et d'augmenter celui des roues (1).

Nous nous bornerons à des considérations générales sur le travail résistant qui provient de la route, parce qu'il est difficile de l'évaluer exactement.

Sur les routes en terrain naturel, les roues s'enfoncent dans le sol et y ouvrent des ornières; le travail résistant est proportionnel au carré de la profondeur des ornières; il croît dans un plus grand rapport que la charge, en sorte qu'il est avantageux de la répartir sur plusieurs voitures; il diminue lorsque le diamètre de la roue ou la largeur de la jante augmente (2).

Sur les routes en cailloutis, les roues, à mesure qu'elles cheminent, aplanissent ou surmontent les obstacles qu'elles rencontrent et broient les petits matériaux qui forment la chaussée. Le travail résistant est plus ou moins considérable, suivant que la route est neuve ou à l'état d'entretien, et que le cailloutis est plus ou moins gros. Les roues d'un grand diamètre et à jantes larges, sont

(1) Coriolis, *Annales des Ponts et Chaussées*, 2e année, 5e cahier, page 185.

(2) Gerstner, *Mémoire sur les grandes routes*, etc. pages 16 et 18.

avantageuses à la puissance; il y a quelquefois sur ces routes des pierres isolées qui occasionent des pertes de force, lorsqu'elles sont rencontrées par les roues des voitures.

Sur les routes pavées, une partie de la force motrice est détruite par le choc des roues sur les pavés, en passant d'une pierre sur l'autre, ou dans la cavité formée par deux pierres contiguës. La théorie démontre que la perte de force est proportionnelle à la charge et au carré de la vitesse avec laquelle la voiture est conduite. Les expériences de Rumford ont donné un rapport peu différent. La théorie démontre en outre que le tirage augmente d'autant plus, que le rapport de la largeur des enfoncemens entre deux pavés, au rayon de la roue, devient plus grand; quelques trous grands ou profonds sont plus nuisibles que plusieurs petits trous; on passe plus aisément sur les pavés avec de grandes roues qu'avec de petites, avec un traineau qu'avec une voiture. Considérés comme élévations à franchir, les petits exhaussemens des pavés ne causent pas une perte de force, parce que la voiture, qui a franchi un exhaussement, acquiert en descendant la vitesse nécessaire pour en franchir un autre (1). Quant aux chocs qui ont lieu, ils comniquent au terrain une vibration sensible; on en a la preuve dans les rues de Paris et sur les ponts, dont les voûtes sont minces ou peu chargées de matériaux.

Sur les routes en revers, les roues ne reposent pas sur des points de niveau, la voiture est penchée, et il y a un frottement de la caisse contre le moyeu de l'une des roues, qui est plus ou moins considérable.

Sur les chemins en fer, la surface des rails étant ferme et

---

(1) Navier, *Journal du génie civil*, tome IX, page 42.

unie, le travail résistant est produit en grande partie par le frottement de l'essieu, la route supposée horizontale.

Voici les rapports de la force de tirage à la charge totale sur les différentes voies de terre :

Dans le sable et dans un terrain argileux	$\frac{1}{4}$
Sur une route sablonneuse	$\frac{1}{6}$ à $\frac{1}{9}$
Sur une chaussée neuve en cailloutis	$\frac{1}{8}$
Sur une chaussée ordinaire en cailloutis.	$\frac{1}{12}$ à $\frac{1}{14}$
Sur une chaussée ordinaire pavée.	$\frac{1}{20}$
Sur une excellente chaussée.	$\frac{1}{25}$ à $\frac{1}{80}$
Sur une chaussée *pavée en grès*, le tirage d'une voiture suspendue, *allant au trot*, est de . . .	$\frac{1}{44}$
Sur des rails en bois (Gerstner).	$\frac{1}{120}$
Sur les chemins de fer	$\frac{1}{200}$ à $\frac{1}{250}$

Il nous reste à déterminer le travail résistant qui a lieu lorsqu'une voiture monte une pente. Soit $\frac{1}{n}$ la tangente de l'angle de la pente avec l'horizon, P le poids total de la charge; la composante parallèle à la pente sera égale

$$\text{à } \frac{P}{\sqrt{n^2+1}} \text{ ou à } \frac{P}{n}$$

en négligeant l'unité devant n^2.

Soit $\frac{1}{n}=\frac{1}{20}$, $P=1,100$ kilog., on aura $\frac{1}{n}=55$ kilog.; telle est la force de traction que le cheval doit exercer en sus de celle que nécessitent l'élévation de son propre poids, et le travail résistant dû au frottement de l'essieu et à la nature de la route; ci. . . . . 55kil.

Un fort cheval de trait harnaché ne pèse pas moins de 400 kilog. La composante de ce poids parallèle à la route 20

Supposons que le rapport du tirage à la charge totale sur la route que nous considérons soit de $\frac{1}{20}$; les 1,100 kilog. exigeront un effort de 55

TOTAL. 130

Cet effort n'est pas au-dessus de celui qu'un bon cheval peut exercer pendant quelque temps en allant au petit pas.

Connaissant l'inclinaison de la pente, le rapport du tirage à la charge totale, il est toujours facile de déterminer cette dernière, d'après la condition que le travail résistant ne surpasse pas une force de traction donnée; ou, connaissant le rapport du tirage à la charge totale sur une route donnée, la charge totale qui doit être transportée et la force motrice, on pourra déterminer la pente.

Des voitures et du roulage.

Les voitures sont à deux ou à quatre roues. Les premières sont les charrettes, les secondes les chariots. En France le gros roulage emploie presque exclusivement des charrettes traînées par cinq chevaux et conduites par un seul homme. Elles pèsent environ 1,500 kilog., et portent en hiver 3,300 kilog., et en été 4,350. Les jantes des roues ont 17 centimètres de largeur.

Depuis long-temps on a adopté en principe, en France, de limiter le chargement des voitures, et d'employer le pesage pour vérifier le poids des voitures, et en prévenir l'excès.

Les limites de chargement des voitures à deux roues et de 17 centimètres de largeur de jantes avaient été fixées par un décret de 1806 à 5,000 kilog. en hiver, et à 6,000 kilog. en été. Ces limites, qui comprennent le poids des voitures, doivent être réduites à 3,500 et 4,400, à raison de 102 et 129 kilog. par centimètre de largeur de jantes: il est constant que le gros roulage dégrade beaucoup les routes. Les limites du chargement des chariots qui répartissent la charge sur quatre points sont plus élevées. Le chargement des voitures qui vont au trot a ses limites particulières.

Les dispositions précédentes ne sont pas applicables aux voitures d'artillerie, aux voitures employées à la culture des terres, et à quelques autres.

Les roues des charrettes et les roues de derrière des chariots ont 1,80 à 2 mètres de hauteur. Les roues de devant des chariots ont une hauteur de 1m à 1,20. Les roues doivent être exactement circulaires. Les bandes ne doivent pas avoir de clous en saillie. Les raies de chaque roue sont inclinées en dehors du plan perpendiculaire à l'essieu, et passant par les points où ils s'assemblent avec le moyeu; l'angle qu'ils forment avec ce plan est déterminé par ce qu'on appelle l'*écuanteur*. Par cette construction, lorsqu'une voiture ne chemine pas sur le milieu d'une voiture bombée, ou chemine sur l'accotement ou sur une route en revers, les raies de la roue sur laquelle la voiture s'incline se trouvent perpendiculaires à la surface de la route, et la voiture n'est pas exposée à verser. L'écuanteur des roues des voitures de Provence est de 14 centimètres; c'est le maximum. Les moyeux ont aujourd'hui des boîtes en fonte qui supportent l'essieu sur une longueur plus ou moins grande, et qui rendent l'usure plus égale et plus lente.

« Les extrémités des essieux qui traversent les moyeux et qu'on appelle *fusées*, sont légèrement coniques. Leur axe fait avec l'horizon un angle de 2°, 23', de manière que la génératrice qui s'appuie sur les boîtes est horizontale dans la position naturelle de la voiture. Par suite, les roues ne tournent point dans des plans verticaux. Les jantes sont légèrement coniques. » (1)

---

(1) Schwilgué, *Annales des Ponts et Chaussées*; Mémoire sur les routes et le roulage; 2e année, 5e cahier.

Dans les charrettes de $0^m,17$ de bandes, les moyeux occupent chacun une longueur de $0^m,70$. L'essieu a $2^m,40$ de longueur, en sorte que l'intervalle entre les moyeux, destiné au corps de la voiture, n'a qu'un mètre de largeur.

On appelle *puissance* d'une roue le rapport de l'avantage qu'elle offre pour surmonter un obstacle. Ce rapport est proportionnel à la racine carrée du rayon de la roue (1). En effet, soit, figure 19, une roue chargée du poids q, tirée par une force horizontale p, passant par son centre o, et qui rencontre l'obstacle a. La puissance de la roue est proportionnelle au rapport des momens de p et de q pris par rapport au point a ou à $\frac{p.ab}{q.ao}$: appelant r le rayon de la roue, et h la hauteur de l'obstacle, on aura

$$\frac{p}{q}\cdot\frac{ab}{ao}=\frac{p}{q}\frac{r-h}{\sqrt{r^2-(r-h)^2}}=\frac{p}{q}\frac{r-h}{\sqrt{2rh-h^2}}.$$

Supposant h assez petit pour être négligé devant r, et h^2 devant $2rh$, le rapport cherché se réduit à

$$\frac{p}{q}\frac{r}{\sqrt{2rh}}=\frac{p}{q}\frac{\sqrt{r}}{\sqrt{2h}},$$

quantité qui varie proportionnellement à $\sqrt{r}$.

Les avantages des voitures suspendues se manifestent à la rencontre des inégalités qui font varier la position du centre de gravité de la charge. L'effet se partage entre les ressorts et la route. Le travail transmis au terrain, et par suite le travail de la force motrice, sont moindres. On a constaté par des expériences que l'élasticité des véhicules diminue de $\frac{1}{4}$ la force du tirage. (*Ann. des p. et ch.*, 2e ann., 2e cah., pag. 193.)

Les chevaux sont ordinairement attelés aux charrettes

(1) Edgeworth, *Essai sur la construction des routes*, etc. pages 56 et 57; *Ann. des Ponts et Chaussées*, 2e année, 2e cahier, p. 175.

sur une seule file, par rangs de taille, le plus petit en tête, les colliers à $2^m,50$ les uns des autres. Le *limonier* n'exerce presque aucun tirage; il soutient et dirige la voiture, dont le poids est réparti de manière qu'il en porte une petite partie. Il fatigue beaucoup dans les descentes; le cheval suivant est le *cheval de cheville*. Les traits s'accrochent d'un collier à l'autre depuis le cheval de tête jusqu'au cheval de cheville dont les traits s'attachent aux extrémités des limons. Les traits du limonier sont attachés sous les brancards. Cet attelage dit *en flèche* convient plus particulièrement aux routes qui offrent un tirage toujours égal (1), parce que le travail des chevaux est plus uniforme.

On attèle les chevaux deux à deux aux chariots, en les plaçant symétriquement par rapport au timon, et à son prolongement suivant lequel se dirige une grande chaîne de fer qui porte des volées espacées de $4^m,50$. Ce mode d'attelage paraît avantageux pour obtenir des chevaux un plus grand effort dans des instans déterminés. On donne une légère inclinaison de bas en haut à la direction des traits des chevaux de timon, afin de soulever l'avant-train et de diminuer le frottement des petites roues.

La charge moyenne par cheval est moindre dans les voitures à plusieurs chevaux que dans celles à un seul cheval. Mais on trouve de l'économie à donner plusieurs chevaux à conduire à un seul homme.

Le roulage ordinaire et le roulage accéléré emploient les chevaux au pas. Le dernier a des relais de 6 lieues en 6 lieues. Sa vitesse est 2 à 3 fois celle du premier.

Les voitures publiques avec jantes de 0,11 sont aujour-

(1) Schwilgué, ingénieur des Ponts et Chaussées, mémoire déjà cité.

d'hui les plus communes, elles pèsent à vide 2300 kilogrammes. Les limites de leur chargement, le poids des voitures compris, doivent être de 3800 kilogrammes en hiver et de 4300 en été. Elles sont à 4 roues, les essieux espacés de 2 mètres. Les roues de derrière ont 1,52 de hauteur, et celles de devant $0^m,97$. La hauteur des voitures depuis le sol jusqu'au point le plus élevé de la charge ne doit pas dépasser 3 mètres (ordon. du 16 juillet 1828, art. 17.) La voie de $1^m,62$ est la plus en usage.

Elles sont pour 18 personnes, dont le poids peut être évalué à 1260 kilogrammes, à raison de 70 kilogrammes par personne: il suit de là, que lorsqu'elles sont complètes elles ne doivent prendre que 240 kilogrammes de bagages en hiver, et 740 en été.

Elles sont traînées tantôt par cinq, tantôt par six chevaux. Des relais sont placés de trois en trois lieues sur les chaussées en empierrement et de 4 lieues en 4 lieues sur les chaussées pavées. Les chevaux ne travaillent que pendant 3 heures par jour, savoir, une heure et demie pour conduire une diligence dans un sens, et autant pour ramener la diligence qui vient en sens contraire, à moins qu'il ne s'agisse du relais de croisière qui a une longueur double des autres, et qui chaque jour n'est parcouru que dans un sens. » (Schwilgué, mémoire cité.)

DEUXIÈME PARTIE.

DES CHEMINS DE FER.

Avantages des chemins de fer.

Sur les routes cailloutées, avec quelque soin qu'elles soient entretenues, les résistances, surtout dans les mois pluvieux de l'année, sont très considérables. Elles sont beaucoup moindres sur les routes pavées; mais la fréquence des chocs qui s'y produisent fatigue les chevaux et détruit promptement les voitures. Ces inconvéniens ont depuis long-temps fait naître l'idée (1) de modifier les routes et de leur substituer des surfaces à-la-fois dures et polies. Les chemins de fer remplissent cette double condition. Sur ces chemins, le frottement de l'essieu est presque la seule résistance que le moteur ait à vaincre. Aussi l'expérience a prouvé que les poids qu'une certaine force pourrait mettre en mouvement sur un chemin de fer et sur une route ordinaire, étaient entre eux, lorsque la pente était nulle, dans le rapport de 8 à 1. Or, la force moyenne de l'homme est à peu près la septième partie de celle du cheval. On peut donc considérer un homme et un cheval comme devant traîner le même poids, le premier sur une route en fer, le second sur une route ordinaire.

(1) A Florence, depuis long-temps, la partie du pavé sur laquelle s'appuient les roues est revêtue de marbre; celle que foulent les chevaux est construite en pierre commune.

Aux avantages précédens, les chemins de fer joignent celui de pouvoir être parcourus par des voitures mues par la vapeur avec une vitesse de 8 à 10 lieues à l'heure.

L'essieu d'une semblable voiture fait corps avec les roues. Il est brisé en deux endroits en forme de manivelle à deux bras. Le piston de la machine à vapeur agissant sur les manivelles transmet à l'essieu un mouvement de rotation qui produit le mouvement de translation de la voiture par l'effet du frottement des roues sur le chemin de fer : tel est le principe des machines à vapeur locomotives, qui paraissent destinées à faire une révolution dans le système actuel des communications.

On se sert aussi sur les chemins de fer, de machines à vapeurs fixes, pour effectuer les transports. Ces dernières sont établies de distance en distance, et font mouvoir des tambours sur lesquels s'enroulent de longues cordes qui tirent les chariots.

Des rails et des chariots.

Un chemin de fer qui présenterait une surface métallique, dont la largeur égalerait celle du chemin lui-même, serait inexécutable, en raison des dépenses qu'exigerait sa construction. Les chevaux d'ailleurs ne pourraient y tirer avec facilité. Aussi doit-on se borner à revêtir de bandes de fer les zônes étroites et parallèles sur lesquelles se meuvent les roues. On a d'abord donné à ces bandes le nom d'*ornières*, auquel on a ensuite substitué le mot anglais *rails*, que l'usage a consacré. Deux rails forment une voie. La largeur de chaque voie a pour mesure celle des voitures auxquelles le chemin est destiné. Il y a des chemins de fer à une voie et à deux voies. Sur les premiers, des rails qui s'embranchent avec ceux de la voie principale, et que l'on nomme *tourne-hors*, permettent aux voitures de se croiser. Une chaussée en gravier sépare les deux rails de chaque voie. Un chemin de fer à deux voies n'a pas de tourne-hors.

Il y a des rails de deux espèces : les uns *plats* et à rebords, les autres *saillans*, étroits, un peu convexes et sans rebords. Sur ces derniers, les roues elles-mêmes ont des rebords qui maintiennent les voitures sur la direction qu'elles doivent suivre. La terre et le gravier s'amassent beaucoup moins sur les rails saillans et sans rebords que sur les autres. Sous ce rapport, ils leur sont préférables, et aujourd'hui ils sont les seuls employés.

Les barres qui composent les rails ont plus ou moins de longueur, suivant qu'elles sont en fer forgé ou coulé. En fer forgé elles ont $4^{m}50$ de longueur, en fer coulé 1,20 seulement. Le fer forgé est préféré aujourd'hui à la fonte ; il est moins cassant et sa surface présente moins d'aspérités.

La largeur supérieure des rails est de $0^{m}054$. Celle des roues est de 0,10, y compris le rebord qui a 2 centimètres de largeur et autant de saillie ; l'épaisseur des barres en fonte est de 0,08 aux extrémités, et 0,14 au milieu. (*Voyez fig.* 14.) Il y a plusieurs manières de les établir sur le terrain. Les *fig.* 12, 13 et 14 représentent celle qui a été adoptée dans la construction de plusieurs chemins en fer exécutés.

X représente un parallélipipède ou dé en pierre, dont la base a 0,40 de longueur, 0,25 de largeur, et dont la hauteur est de 0,30. Deux trous de 0,02 au plus de diamètre, et profonds de 0,2 environ y sont creusés. Chaque trou reçoit une cheville en bois de chêne, chassée avec force et arrasée avec la surface supérieure du parallélipipède. *Y* figure une pièce en fonte que l'on appelle *siége*, *coussinet* ou *support* des barres. Deux trous pratiqués dans la base du siége répondent à ceux du parallélipipède, en sorte qu'au moyen de clous enfoncés dans les chevilles en bois, le siége et le dé sont unis solidement.

Le siége présente deux saillies entre lesquelles sont assujéties les barres de fer qui portent les roues des chariots. Les saillies et les barres sont percées de trous qui reçoivent des boulons à clavettes. Ces boulons ont pour double objet de fixer les barres sur les siéges, et d'unir les barres entre elles.

On établit les dés sur un lit de gravier fin. Les rails sont presque jusqu'au niveau de leur surface supérieure, enterrés dans une tranchée qu'on remplit de gravier ou de cailloux brisés. Leur relief au-dessus de la surface du chemin n'excède pas 5 centimètres. Presque toujours le tassement des terres produit dans l'assiette des dés et des rails quelques dérangemens auxquels il faut remédier.

On peut aussi fixer les coussinets sur des solives en chêne.

La voie des chariots étant de 1,50, la largeur des accotemens pouvant être réduite à un mètre, la largeur d'un chemin en fer à une voie mesurée au couronnement sera de 3,50; elle ne peut pas excéder quatre mètres. Celle d'un chemin en fer à deux voies doit être de 6 à 7 mètres; la différence se compose de 1,50 largeur d'une voie, et de l'intervalle nécessaire entre les deux communications.

Dans les chariots qu'on emploie sur les chemins en fer, les essieux font corps avec les roues et tournent avec elles. Cette disposition ne permet pas que la voie des chariots change. Mais les caisses ont du jeu sur les essieux. Les roues des chariots sont en fonte, et ont 0,70 de diamètre. Le diamètre des essieux est de 0,054. Chaque chariot pèse 800 kilogrammes. Le chargement des chariots est ordinairement de 2000 kilogrammes; il ne doit pas excéder 3000 kilog.

Des pentes et du tracé des chemins de fer.

Différentes conditions peuvent faire varier la pente limité des chemins de fer sur lesquels les voitures doivent être conduites par des chevaux. Dans la supposition que le rapport du tirage à la charge totale soit de $\frac{1}{200}$, une charge de 9 tonneaux peut être conduite à 40 kilomètres de distance, dans un jour, par un bon cheval, sur un chemin de fer horizontal. On peut déterminer la pente limite par la condition qu'elle soit accessible au cheval avec la même charge, sans exiger un effort qui dépasse 90 kilogrammes. Soit $\frac{1}{n}$ la pente, et 450 kilogrammes le poids du cheval, on aura

$$\frac{9000}{n} + \frac{450}{n} + \frac{9000}{200} = 90.$$

$$n = 210.$$

Une pente plus raide exigerait des chevaux de renfort.

Les chemins de fer, sur lesquels les transports doivent être effectués à l'aide de machines à vapeur stationnaires, peuvent être exécutés sous toutes les inclinaisons.

Les pentes des chemins de fer destinés aux machines locomotives doivent satisfaire à une condition essentielle, c'est que l'effort de tirage ne surpasse pas la résistance due au frottement des roues sur les rails. Si la machine produisait une force supérieure, les roues tourneraient sans changer de place. L'expérience a fait connaître que l'adhérence des roues actuelles des machines, sur des rails en fer malléable, est égal à $\frac{1}{20}$ du poids de la machine dans le cas le plus défavorable des rails (1). Par exemple, pour

(1) *Annales des Ponts et Chaussées*, 1re année, 1er cahier, p. 71.

une machine du poids de 4500 kilogr., la limite du tirage est de 225 kilog.; soit $\frac{1}{n}$ la pente, q le poids des chariots, on aura

$$(4500 + q)\left(\frac{1}{n} + \frac{1}{200}\right) = 225.$$

Equation qui établit une relation entre les valeurs qu'on peut donner à q et à $\frac{1}{n}$ dans le cas le plus défavorable des rails.

Les pentes les plus raides du chemin de fer de Manchester à Liverpool, sont de $\frac{1}{100}$ et ont 2500^{m} de longueur.

On doit aussi tenir compte de la longueur des pentes dans l'établissement des chemins de fer. Les pentes courtes peuvent être franchies par les machines locomotives à l'aide d'un surcroît de force peu considérable, qu'elles tirent d'elles-mêmes.

La nécessité d'adoucir les pentes des chemins de fer oblige de changer fréquemment leur direction. Les courbes de raccordement sont des arcs de cercle dont le rayon doit être proportionné à la vitesse des voitures qui doivent les parcourir. Cette règle est une conséquence de la loi de la force centrifuge à laquelle doit résister le rail extérieur dans les tournans. Les parties en ligne droite du chemin de fer de Manchester à Liverpool sont raccordées par des arcs de cercle de 500 mètres de rayon, tracés avec la plus grande exactitude. On a eu l'idée, au chemin en fer de Saint-Etienne à Andrezieux, d'exhausser le rail extérieur, disposition imitée des routes en revers, mais insuffisante, lorsque les voitures sont mues avec des vitesses de 20 à 40 kilomètres à l'heure. D'autres essais heureux (1) ont été faits pour surmonter cette

(1) *Revue encyclopédique*, n° d'octobre 1831, page 264.

difficulté, et réduire le frottement, et par conséquent pouvoir employer des arcs d'un rayon moins grand.

Des chemins de fer considérés comme lignes de communications militaires.

Un système de chemins de fer, qui uniraient la capitale d'un état aux points importans de ses frontières, et lieraient ces points entre eux, permettrait aux armées défensives de se porter aux points menacés, de passer d'une frontière à l'autre, d'accourir à la défense de la capitale, avec une rapidité qui leur donnerait sur l'ennemi un avantage précieux à la guerre. Un régiment entier a été transporté en deux heures de Manchester à Liverpool, par le chemin de fer qui unit ces deux villes, éloignées l'une de l'autre de près de 50 kilomètres. Un tel système, appliqué à la France, a été exposé avec talent par deux ingénieurs distingués (1). L'époque où l'on pourra s'en occuper est sans doute éloignée, mais au nombre des lignes qui le composeraient, il faut compter la plupart de celles que requiert le besoin de communications promptes dans l'état de notre civilisation, et qui seront incessamment entreprises.

(1) Lamé et Clapeyron, association polytechnique, compte rendu trimestriel, juillet 1832.

TROISIÈME PARTIE.

DES RIVIÈRES ET DES CANAUX.

Des points où commencent, sur les rivières, le flottage à trains et la navigation.

Les rivières peuvent être considérées comme lignes de communication, lorsqu'elles sont flottables à trains ou navigables. Pour être flottable à trains, un cours d'eau doit avoir au moins 0,65 de profondeur. La largeur des trains est de 4 mètres environ. Le tirant d'eau des plus petits bateaux dont on se sert pour la navigation fluviale étant de 0,60 environ pour le *minimum* de charge, une rivière ne peut être regardée comme navigable que dans la partie de son cours où sa profondeur est au moins d'un mètre.

Les cours d'eau sont compris dans le domaine public, à partir des points où commence, soit la navigation, soit le flottage à trains. De là les droits qu'au-dessous de ces points les gouvernemens imposent aux trains et aux bateaux.

Dimensions des bateaux.

On évalue communément en tonneaux le chargement des bateaux de rivières et celui des bâtimens qui tiennent la mer. Le tonneau métrique représente le poids d'un mètre cube d'eau, ou 1000 kilogrammes, ou 10 quintaux métriques. L'ancien tonneau équivalait à 2000 livres ou 979 kilogrammes. Le tonneau anglais = 1016 kilogrammes.

Les bateaux de moyennes dimensions ont de 25 à 30 mètres de longueur et de 3,50 à 5 mètres de largeur. Leur tirant d'eau, et par conséquent leur chargement, doit varier avec la profondeur des rivières, qui n'est pas la même dans toutes les saisons. Le tirant d'eau est de 0,60, 1,30, 1,60 au plus. On peut évaluer le *minimum* du *chargement* à 40 tonneaux, et le *maximum* à 200.

La longueur des plus petits bateaux est de 10 mètres environ, leur largeur de 2 mètres; leur chargement moyen est de 10 tonneaux.

Les plus grands bateaux ont une longueur de 50 mètres et une largeur de 10 mètres. Ils peuvent porter jusqu'à 500 tonneaux. Leur nombre est peu considérable.

De la navigation naturelle des rivières.

La navigation naturelle ne suppose la construction d'aucun ouvrage d'art. Elle est plus ou moins difficile pour les bateaux qui remontent suivant la pente et la rapidité du courant. On ne peut remonter avec le secours de la voile seule les rivières dont la pente est de plus de 5 centimètres pour 100 mètres, $\frac{1}{2000}$. Le halage est alors nécessaire. Au moyen d'un nombre suffisant d'hommes ou de chevaux, on peut remonter les rivières les plus rapides; mais les transports y sont très-dispendieux (1).

---

(1) On ne remonte pas les rivières dont la pente excède $\frac{1}{500}$. Pour que la navigation soit aisée, il faut un mètre de pente par distance de 4,800 mètres, terme moyen. La vitesse de l'eau est alors d'environ 20 mètres par minute. (*Œuvres de Gauthey*, tome III, pages 228 et 285.)

Sur la Seine, de Rouen à Paris, un cheval suffit pour le transport de 32 tonneaux. Sur le Rhône, d'Avignon à Lyon, le halage est lent et difficile, et le poids que traîne un cheval n'excède pas $7\frac{1}{2}$ tonneaux. La pente de ce fleuve entre Lyon et Valence est de $\frac{1}{2500}$, entre Valence et Avignon de $\frac{1}{1400}$; mais la vitesse ne croît pas dans la même proportion. Il faut l'attribuer au grand nombre d'îles qui, à partir de Valence, occupent son lit et ralentissent son cours (1).

La vitesse moyenne du Rhône, lorsque le niveau des eaux est de 0,50 au-dessus de l'étiage, peut être évaluée à 2 mètres par seconde. Celle de la Seine varie de 0,50 à 0,80 par seconde, suivant la hauteur des eaux. La pente de ce dernier fleuve est de $\frac{1}{10000}$ entre Paris et Rouen.

Le plus grand inconvénient qu'offrent les cours d'eau comme lignes de communication, résulte de la variation de leur niveau. Dans quelques-uns, cette variation est telle qu'ils ne sont navigables ni à l'époque des crues, ni à celle des sécheresses. Cette considération a fait naître l'idée d'établir une navigation artificielle sur des canaux creusés par la main des hommes.

Des Canaux.

Un canal se compose de parties appelées *biefs*, qui sont placées à des hauteurs différentes, mais dans chacune desquelles la pente est à peu près nulle et le volume des eaux à peu près constant. Cette double propriété rend la navigation facile à toutes les époques de l'année,

(2) Société en commandite par actions de MM. Seguin et compagnie, pour remplacer les chevaux de halage sur le Rhône, etc. 1825.

et dans un sens comme dans l'autre. La différence de niveau entre deux biefs consécutifs est rachetée par une *écluse ;* ouvrage d'art qui offre un réservoir ou *sas*, dans lequel on peut faire varier le niveau de l'eau. Cette variation sert à faire passer les bateaux d'un bief dans un autre.

On distingue deux sortes de canaux : les canaux *latéraux*, qu'alimentent des rivières auxquelles leur direction est à peu près parallèle, et les canaux à point ou à bief de partage. Un canal de cette dernière espèce coupe la ligne de partage de deux bassins contigus, et a généralement pour objet d'unir les deux principaux cours d'eau de ces bassins.

Le plus ancien canal dont l'histoire fasse mention est celui de Suez, qui mettait la mer Rouge en communication avec le Nil, et par conséquent avec la Méditerranée. Necho Psamméticus, successeur de Sésostris, Darius et les Ptolémées, y firent successivement travailler; mais on doute que, sous le règne d'aucun de ces princes, il ait été ouvert à la navigation. Des historiens arabes affirment positivement qu'il fut terminé sous le calife Omar, et que, depuis l'an 644 jusqu'à l'an 767, des vaisseaux portèrent à la Mecque les productions de l'Egypte. En 1799, des ingénieurs français en ont reconnu les vestiges et constaté la direction. Il était composé de deux parties : l'une joignait la branche Pélusiaque au bassin des lacs Amers, l'autre se dirigeait de ce bassin vers la pointe septentrionale de la mer Rouge : on suppose qu'il n'était navigable qu'à l'époque des crues du Nil (1).

---

(1) Les lacs Amers sont de niveau avec le Nil, au Caire, à l'étiage, et sont plus bas que la mer Rouge de 5m à 3,30, suivant la hauteur des

Les premiers canaux à point de partage qui aient été ouverts à la navigation sont ceux de Briare et du Midi.

Profil des Canaux et étendue des biefs.

La figure 15 présente le profil d'un canal.

La largeur du fond ou plafond est de dix mètres; en général, elle est plus que double de la largeur des bateaux qui naviguent sur le canal.

La profondeur est supposée de 1,60; elle varie de 1,20 à 2 mètres. Cette dernière profondeur est celle des canaux de la Deule, de la Sensée, du Midi, de la Seine à la Seine à Paris, et de quelques autres. On a établi comme règle que la profondeur d'un canal devait excéder d'au moins 0,32 le tirant d'eau des bateaux qui y naviguent : dans aucun cas, la différence ne doit être moindre de 0,16.

Le talus des terres baignées par les eaux est communément de 1 1/2 de base sur 1 de hauteur. Lorsque les terres sont de mauvaise qualité, la base est double de la hauteur. Dans quelques canaux, le talus est revêtu de maçonnerie en pierres sèches, appelée *perré;* dans d'autres, il se compose de deux parties, que séparent des bermes larges de 0,50, et établies au niveau de l'eau.

Sur toute la longueur de chaque canal, on forme, avec les terres provenant des excavations, deux digues plus ou moins élevées : c'est sur l'une d'elles que se fait le halage.

La largeur du chemin de halage est de 3 à 4,50. La partie supérieure de la digue opposée sert de sentier pour

marées. Le Nil, dans ses crues, s'élève de 7 mètres au-dessus de l'étiage.

les hommes; sa largeur peut être réduite à 2 mètres. Les talus extérieurs des digues sont en terres roulantes. Au pied de ces talus, règnent des fossés qui en défendent l'accès aux bestiaux, et qui séparent des champs voisins le terrain dépendant du canal.

Les dimensions de chaque bief doivent être telles, qu'on en puisse tirer la quantité d'eau nécessaire pour la montée ou la descente d'un bateau, sans que la profondeur d'eau cesse d'y être suffisante pour la navigation.

Des Ecluses.

La *fig.* 16 est le plan d'une éclu;e la *fig.* 17 en est la coupe, suivant la ligne *M N* du plan.

A est le *sas* ou la chambre de l'écluse; il est séparé des biefs par deux portes busquées; celle d'amont ou du bief supérieur est représentée fermée, et celle d'aval ou du bief inférieur est représentée ouverte; les murs latéraux du sas portent le nom de *bajoyers*; le mur *c d* (*fig.* 17) est dit *mur de chute.* Le fond du sas, et celui des biefs sur une certaine étendue, à partir du sas, présentent une aire en béton, en dalles ou en madriers, qui a le nom de *radier.* Le radier du bief inférieur est surtout nécessaire. Le bas des portes appuie contre des buscs *e f* en bois ou en pierres, peu élevés au-dessus des radiers. La saillie des buscs varie du quart au sixième de la largeur des portes.

Les murs *g h*, en amont, sont appelés *épaulemens de défense;* ceux *f l*, en aval, *épaulemens de fuite.* Les murs *l m*, en aval, se nomment *murs en ailes*, et ceux *m n*, *murs en retour* des ailes. Les murs en ailes peuvent être rectilignes ou circulaires.

Des enfoncemens appelés *enclaves*, et que les vantaux

occupent lorsque les portes sont ouvertes, sont pratiqués, en amont dans les épaulemens de défense, et en aval dans les bajoyers ; enfin, des rainures destinées à recevoir les extrémités de poutrelles que l'on place lorsqu'on enlève les portes, ce qui arrive quelquefois, sont pratiquées dans les épaulemens de défense et de fuite.

La plupart des sas construits dans ces derniers temps sont rectangulaires, et ont 32 mètres de longueur sur 5,20 de largeur; ils ne peuvent contenir qu'un bateau. En général, leur longueur doit être telle, que la porte d'aval puisse s'ouvrir et se fermer lorsque le bateau est entré; il suffit qu'ils aient 0,32 de plus de largeur que les bateaux.

De la Manœuvre pour faire passer un bateau d'un bief dans un autre.

L'une des deux portes de chaque sas est toujours fermée, tandis que l'autre est ouverte ou fermée. Lorsque la porte du bief supérieur est fermée, et celle du bief inférieur ouverte, l'eau est de niveau dans le sas et dans le bief inférieur. Pour que l'eau du sas et celle du bief supérieur aient le même niveau, il est nécessaire que la porte du bief inférieur soit fermée ; celle du bief supérieur peut être ouverte ou fermée : mais les deux portes doivent être fermées pendant que l'on emplit ou que l'on vide le sas.

Pour emplir le sas, on lève deux vantelles qui masquent deux ouvertures rectangulaires pratiquées dans les vantaux de la porte du bief supérieur ; l'eau s'échappe par ces ouvertures, et tombe dans le sas. Lorsqu'un bateau doit passer du bief inférieur dans le bief supérieur, on le fait d'abord entrer dans le sas ; on ferme la porte du bief inférieur ; on emplit le sas, et l'on ouvre la porte du bief supérieur, pour permettre au bateau de continuer sa route. Les choses étant dans cet état, un bateau qui doit passer du bief supérieur dans le bief inférieur, entre dans le sas; la porte du bief supérieur se ferme, les vantelles de la porte du bief inférieur se lèvent, le sas se vide; et lorsque l'eau y est au même niveau que dans le bief inférieur, on ouvre la porte de ce bief, et le bateau poursuit sa route.

D'autres moyens ont été mis en usage aux canaux de Briare, du Centre et de Saint-Quentin, pour emplir et vider les sas (1); mais celui des vantelles est encore le plus fréquemment employé.

On lève et baisse les vantelles à l'aide de petits crics en fer, placés sur les grandes pièces de bois appelées *flèches*, qui surmontent les portes et servent à les manœuvrer.

Les premières écluses à sas ont été construites en Italie en 1481 (2). Les plus anciennes dont on connaisse la construction en France, datent de 1603. Avant l'invention des écluses, la navigation descendante avait lieu comme encore aujourd'hui le flottage : on ouvrait les pertuis pratiqués dans les digues qui séparaient les biefs, et les bateaux suivaient le courant. La navigation montante employait un grand nombre de bras ou des machines pour vaincre le courant dans les pertuis. La différence de niveau des biefs contigus devait être faible; mais le plus grand défaut de ce moyen, appliqué aux canaux

---

(1) Voyez le *Mémoire* de M. Girault, ingénieur des Ponts et chaussées, *sur un nouveau moyen d'emplir et de vider les écluses*; suivi de *Notes sur l'écoulement des fluides*, et de *Considérations sur le développement et la largeur à donner aux courbes des canaux*. Paris, 1825.

(2) Suivant Bruschetti, dans la première moitié du quinzième siècle.

à point de partage, serait la dépense d'eau considérable que nécessiterait le passage de chaque bateau. Dans quelques cas, on établissait entre les biefs des plans très-peu inclinés, appelés *ponts roulans*, parce que le plancher était garni de rouleaux sur lesquels glissaient les bateaux en passant d'un bief dans l'autre.

Sur la dépense d'eau et sur la hauteur de chute des écluses en général.

On appelle *éclusée* la quantité d'eau qui est tirée du bief supérieur pour remplir le sas d'une écluse. Le passage d'un bateau dans un sas dépense une éclusée plus ou moins le volume du fluide déplacé par le bateau, selon qu'il monte ou descend. Supposons plusieurs écluses dont les hauteurs de chute soient égales : quel qu'en soit le nombre, on ne devra tirer du bief le plus élevé, pour le passage d'un bateau, qu'une éclusée plus ou moins le volume du fluide déplacé. Il suit de là qu'il est avantageux de multiplier le nombre des écluses pour diminuer leur hauteur de chute (1), et par conséquent la dépense d'eau.

---

(1) Dans le cas, par exemple, où la hauteur de chute des écluses serait moindre que le tirant d'eau des bateaux, ceux-ci, *en descendant*, feraient refluer l'eau des biefs inférieurs dans les biefs supérieurs; en sorte que l'on peut concevoir un canal dont la navigation serait alimentée par le bief le plus bas. Cette idée a été développée par M. Girard, ingénieur en chef des Ponts et Chaussées. (*Annales de chimie et de physique*, tomes XIV et XVIII.)

Un semblable canal peut être considéré comme une machine destinée à élever l'eau à une hauteur donnée, au moyen d'un poids qui descend de cette hauteur. Le poids employé est au poids de l'eau qui est élevée, comme le tirant d'eau des bateaux est à la différence qui existe entre le tirant d'eau et la hauteur de chute, le sas supposé égal aux bateaux.

Un bateau devrait, par son abaissement d'une certaine hauteur, éle-

Mais plus le nombre des écluses est grand, plus les dépenses que nécessitent les radiers, les fondations, les portes, sont considérables; deux écluses de 1,30 de hauteur de chute coûtent plus qu'une écluse unique qui a une hauteur de chute double. Un bateau emploiera vingt minutes à passer les deux premières, et 13 minutes seulement à passer la seconde. Il faut conclure de ces observations, qu'on ne doit que jusqu'à un certain point multiplier le nombre des écluses ou augmenter leur hauteur. Les ingénieurs ne font communément varier la hauteur que de 1,30 à 4 mètres.

Une écluse multiple, c'est-à-dire composée de plusieurs sas contigus, a en partie les inconvéniens d'une écluse unique équivalente, dont la hauteur de chute excède une certaine limite; c'est-à-dire que pour la montée d'un bateau, il faut tirer du bief supérieur autant d'éclusées qu'il y a de sas contigus, tandis que si ces sas étaient séparés par des biefs d'une longueur convenable, il ne faudrait tirer qu'une éclusée du bief le plus élevé, pour y faire monter un bateau (1).

Si les hauteurs de chute des écluses étaient inégales, la dépense d'eau pour la montée ou la descente d'un bateau serait de même d'une éclusée plus ou moins le vo-

---

ver à cette même hauteur un poids d'eau égal au sien ; et réciproquement, l'élévation du bateau d'un bief inférieur dans le supérieur ne devrait occasioner que la descente d'un poids d'eau égal à celui du bateau, du second bief dans le premier. Les choses se passent bien autrement dans les canaux à écluses ordinaires..... Ce serait donc rendre un grand service à la navigation que de réduire la montée et la descente d'un bateau dans une écluse à cette *équipondération* pure et simple des masses qui donne le *minimum* de dépense de fluide.» L'écluse à flotteur de M. de Bettancourt résout ce problème. (*Notice* de M. de Prony sur cette écluse, *Journal de l'École Polytechnique*, 15e cahier, page 147.)

(1) Voyez le tome III des Œuvres de Gauthey.

lume du fluide déplacé, mais l'écluse qui aurait la plus grande hauteur de chute déterminerait le volume de l'éclusée. Si cette écluse n'appartenait pas au bief le plus élevé, ce bief ne contribuerait à la dépense d'eau qu'en raison de la hauteur de chute de son écluse.

Plusieurs bateaux montans ou descendans qui se succèdent, exigent chacun une éclusée plus ou moins le volume du fluide déplacé par le bateau.

Lorsqu'un bateau descendant succède immédiatement à un bateau montant dans un sas, la même éclusée sert au passage de deux bateaux.

La recherche des moyens propres à diminuer la dépense d'eau qu'occasionne le passage des bateaux dans les sas, est un des problèmes les plus utiles qui aient occupé les ingénieurs. Parmi les solutions de ce problême on doit distinguer les bassins d'épargne placés latéralement au sas d'une écluse, pouvant recevoir une partie de ses eaux et la lui restituer. M. le général Bazaine (1) a eu une idée plus heureuse, dont il a fait une application aux écluses de Schlusselbourg sur le canal de Ladoga. Elle consiste à avoir deux écluses accolées communiquant par plusieurs conduits. Le sas de l'une ayant été rempli pour le passage d'un bateau, on le vide dans le sas de l'autre qui reçoit la moitié de la quantité d'eau, et l'autre moitié seule qui s'écoule dans le bief inférieur est la quantité d'eau dépensée : il y a à la fois économie d'eau et de temps.

On tient également compte dans le calcul de la dépense d'eau des canaux, de l'évaporation et des filtrations. La quantité d'eau qu'enlève l'évaporation est en partie restituée par les pluies.

---

(1) *Bulletin des sciences technologiques*, tome X, page 61. M. le général Bazaine est un ancien élève de l'école polytechnique.

L'évaporation enlève annuellement aux bassins des eaux une couche dont la hauteur en France est de $0^m,86$ à $1^m,14$. La hauteur d'eau qui tombe varie suivant les pays : elle est de $0^m,474$ à Paris, de $0^m,705$ à Dijon.

Les filtrations causent des dommages aux propriétés riveraines et aux canaux des pertes d'eaux variables, quelquefois très-considérables. On a fait usage avec succès, dans ces derniers temps, en Angleterre et en France, de sable fin pour les détruire dans les terrains d'alluvion perméables ; on jette ce sable à la pelle, par petite quantité, en l'éparpillant sur la surface de l'eau. Dans les sols crayeux on a eu recours au béton.

Des canaux latéraux.

On substitue des canaux latéraux aux rivières qui ne sont pas navigables, ou dont la navigation a des inconvéniens qu'on veut éviter. Ces canaux sont composés d'une suite de biefs dont le plus élevé s'embranche sur la rivière ou communique avec elle par un canal de *prise d'eau*. Une écluse de navigation ou un passage éclusé existe à l'embranchement du canal et de la rivière, et permet d'introduire à volonté les eaux de la rivière dans le canal. Le seuil en est établi à une telle hauteur relativement au lit de la rivière, que les eaux de celle-ci passent dans le canal en quantité suffisante pour les besoins de la navigation; mais le plus souvent on n'obtient ce résultat important qu'au moyen d'un barrage plus ou moins élevé, construit dans la rivière, et en amont duquel on prend les eaux.

La connaissance du nombre de bateaux qui doivent naviguer sur le canal, soit dans un sens, soit dans l'autre, sert à déterminer la quantité d'eau qui sera dépensée. Si cette quantité doit être plus grande que le volume d'eau débité annuellement par la rivière, on a recours aux moyens dont nous parlerons dans le paragraphe suivant.

Un plan et un nivellement exacts du terrain sont nécessaires pour fixer l'étendue des biefs, la position, le nombre et la hauteur de chute des écluses.

Les canaux d'irrigation sont construits d'après les mêmes principes que les canaux de navigation latéraux; et quelquefois un canal latéral comme celui d'Aragon en Espagne, sert en même temps à la navigation et à l'arrosement des terres. Mais en général, l'eau dans les canaux d'irrigation a un courant plus ou moins rapide. Le profil de ces canaux a de petites dimensions.

Les canaux de dérivation que l'on construit en campagne pour mettre à sec le lit d'une rivière ou pour la rendre guéable, ont pour les travaux qu'ils exigent quelque analogie avec les canaux latéraux.

Des Canaux à bief de partage.

Un canal qui unit deux rivières ne pourrait être alimenté par l'une de ces rivières que dans le cas assez rare où la ligne de partage qui sépare les bassins de ces rivières aurait peu d'élévation. Ce cas rentre alors dans le précédent.

Mais en général un canal qui unit deux rivières a un bief de partage alimenté par de grands étangs naturels ou artificiels, ou par des rivières dérivées à leurs sources dans des rigoles qui débouchent, soit dans le bief de partage, soit dans les biefs les plus élevés. La première question importante est de déterminer la quantité d'eau qu'exige la navigation.

Si tous les bateaux qui parcourent un canal allaient dans le même sens, il faudrait tirer deux éclusées du bief de partage pour le passage de chaque bateau; dans cette hypothèse, le volume d'eau qu'il serait nécessaire d'y rassembler serait égal au produit du volume de deux éclusées par le nombre des bateaux. Ce résultat est un *maximum*: en effet, tous les bateaux qui parcourent un canal ne vont pas dans le même sens : des bateaux se croiseront dans les sas, et la quantité d'eau tirée d'un bief, pour y faire monter un bateau, servira à en faire descendre un autre. Mais ces rencontres étant presque toujours fortuites, il devient difficile de calculer exactement le volume d'eau qu'exige la navigation. Il faut en outre tenir compte des pertes causées par les filtrations, et de la quantité d'eau quel'évaporation enlève.

La position du bief de partage, et la hauteur de ses seuils (c'est-à-dire des seuils de ses écluses), laquelle est la même à ses deux extrémités, doivent être telles que l'on puisse y faire arriver aux moindres frais possibles, la quantité d'eau calculée nécessaire pour la navigation. Le point le plus bas de la ligne de partage est en général celui qui satisfait le mieux à cette condition. Mais ce point même est quelquefois trop élevé; la ligne de partage d'ailleurs peut ne présenter qu'une arête à peu près de niveau; l'établissement du bief de partage nécessite alors une tranchée plus ou moins profonde, quelquefois même une percée souterraine. Si l'on ne pouvait y amener une quantité d'eau suffisante, on perdrait en grande partie le fruit des travaux qu'on aurait entrepris.

La largeur des biefs de partage souterrains est moindre que celle des biefs ordinaires; néanmoins la construction en est dispendieuse; la navigation y est lente; en sorte que, lorsqu'ils sont nécessaires, il faut éviter de leur donner une grande longueur. En Angleterre, où ils sont très-communs, leur largeur n'est que de $5^m,10$, et quelquefois de

2m,70 seulement. Dans ce dernier cas ils sont compris parmi les canaux dits de petite navigation, sur lesquels on emploie des bateaux de moitié moins larges que les bateaux ordinaires.

Moins les points de partage sont élevés, plus l'accès en est facile, et moins il faut d'écluses.

Les biefs qui répondent aux points les plus bas d'une ligne de partage, peuvent être alimentés par les eaux des terrains qui les dominent. Cet avantage n'est pas le seul que présentent les canaux auxquels ces biefs appartiennent. Presque toujours, un point *minimum* de la ligne de partage est peu éloigné de l'origine de deux thalwegs opposés. A une certaine distance du point de partage, les eaux qui affluent vers ces thalwegs suffisent pour alimenter le canal, qui peut alors être assimilé à un canal latéral.

La propriété précédente dont jouissent les points minima des lignes de partage sert à les déterminer sur les cartes, qui sont construites à une grande échelle et sur lesquelles on a tracé un grand nombre de thalwegs des ordres les moins élevés. Suivant M. Brisson, c'est aux points où des cours d'eau appartenant à des bassins différens, après avoir coulé parallèlement entre eux, prennent des directions divergentes, qu'il convient en général d'assigner la position des biefs de partage des canaux. L'Aude et la Garonne offrent en grand cette disposition remarquable, à laquelle on doit le point de partage de Naurouse. Nous renvoyons à l'ouvrage de cet habile ingénieur, où sont indiqués plusieurs exemples intéressans d'une semblable disposition accompagnée de la même propriété (1).

(1) *Essai sur le système général de la navigation intérieure de la France.* In-4°, Paris, 1829.

Lorsque le point de partage n'appartient pas à une dépression du faîte indiquée par des cours d'eau de quelque étendue, il est en général élevé, et le bief de partage exige un souterrain. Plusieurs cours d'eau qui divergent en s'écartant en tous sens de leur source, comme l'Allier, la Loire, la Dordogne, le Lot, indiquent un point le plus haut, un maximum absolu du faîte placé entre les sources de ces divers cours d'eau.

Les étangs naturels ou artificiels qui servent à alimenter un bief de partage en sont plus ou moins éloignés, et y envoient leurs eaux par des rigoles (1) dont la pente ne doit pas être trop forte. On calcule avec soin la capacité des étangs, le produit des cours d'eau qui y sont dérivés, celui des eaux pluviales qui s'y rassemblent; enfin, celui des machines à vapeur destinées à y élever la quantité d'eau nécessaire. Le bief de partage sert quelquefois lui-même de réservoir, comme au canal d'Orléans.

Le nombre des écluses que l'on construit est plus ou moins considérable, selon que le seuil du bief de partage est plus ou moins élevé au-dessus des points où le canal s'embranche sur les rivières qu'il unit. Les hauteurs de chute de ces écluses sont rarement égales; il ne convient pas même qu'elles le soient, abstraction faite de la configuration du terrain.

Lorsque l'on peut amener dans un canal les eaux d'étangs ou cours d'eau inférieurs au bief de partage, et ce cas est le plus ordinaire, il est avantageux que les écluses situées entre ce bief et ceux qu'alimentent les étangs inférieurs

---

(1) Ces rigoles elles-mêmes peuvent servir de canaux de petite navigation, comme la rigole de l'étang de Torcy, qui alimente le canal du Centre; le canal de dérivation de l'Ourcq, qui alimente le canal de la Seine à la Seine, à Paris.

aient moins d'élévation que les autres. En effet, il faut pour le passage d'un bateau d'un bief dans un autre, une quantité d'eau d'autant moins considérable que la chute a une moindre hauteur. Ainsi, donner peu d'élévation aux écluses des biefs supérieurs, c'est diminuer la dépense d'eau dans les parties du canal qu'il est le plus difficile d'alimenter.

Si le canal était réduit aux eaux du bief de partage, la hauteur des chutes, à partir de ce bief, devrait aller en décroissant. On établirait, entre les hauteurs de chute de deux écluses consécutives, une relation telle que la différence des volumes d'eau contenus dans les sas pût suffire pour remplacer la quantité d'eau que l'évaporation et les filtrations enlèvent au bief intermédiaire.

Nous n'entrerons dans aucun détail sur les ouvrages d'art qui sont nécessaires à la rencontre des vallées et des affluens, ni sur les difficultés que présente la construction des canaux dans les mauvais terrains.

De la Canalisation ou Navigation artificielle des rivières, ou des Canaux en lit de rivières.

Canaliser une rivière sur une étendue déterminée de son cours, c'est partager son lit sur cette étendue, par des barrages, en un certain nombre de biefs dans lesquels on établit des sas.

Ces barrages élèvent le niveau de la rivière, augmentent sa profondeur, diminuent sa pente et sa vitesse, et rendent par conséquent la navigation plus facile; ils sont construits sous forme de digues-déversoirs, ou composés de plusieurs passages éclusés.

Les digues-déversoirs sont très-communes sur les rivières; elles servent à les rendre flottables, et à dériver une partie de leurs eaux pour l'usage des usines. Le passage des trains n'exige qu'une ouverture ou *pertuis* de 4 à 8 mètres de largeur. Les pertuis, appelés aussi *passelis*, sont ordinairement fermés par des poutrelles ; sur quelques rivières, ils servent même à la navigation ; pour faire franchir aux bateaux les passages des pertuis, tantôt on emploie des hommes ou des chevaux de renfort, tantôt on les hale au moyen de treuils, ou sur des ancres jetées en amont, ou sur des pilots plantés sur le prolongement de l'axe des pertuis : on voit que les sas sont bien préférables.

Les digues-déversoirs des usines sont ordinairement obliques par rapport au courant, et font, avec sa direction, un angle de 45 degrés. En raison de cette obliquité, leur construction apporte moins de changemens au régime des rivières. Quelle que soit leur destination, la surface sur laquelle coule l'eau est généralement plane, et présente un glacis plus ou moins incliné, au pied duquel est un radier formé de grosses pierres ; elles sont terminées en amont par un talus plus ou moins raide. On les construit tantôt en bois, tantôt en bonne maçonnerie, et le plus souvent en pierres sèches placées entre trois rangées de pilots plus ou moins rapprochés ; savoir : une en amont, une autre en aval, et une troisième au milieu. Des pièces de bois, les unes appuyées aux pilots, les autres posées suivant l'inclinaison du glacis, partagent sa surface en cases, dans lesquelles les pierres de parement sont maintenues.

L'écluse est ordinairement construite dans le lit et sur un des bords de la rivière, de manière que l'un des bajoyers fait corps avec la digue; dans quelques cas toutefois, pour qu'elle ne soit pas exposée à être submergée pendant les crues, on la construit en dehors du lit.

Enfin, on creuse un chenal dans le lit de la rivière, ou en d'autres termes on lui donne la profondeur nécessaire à la navigation, sur une largeur de 16 à 20 mètres comptés du bord sur lequel doit passer le chemin de halage.

Les barrages éclusés sont fort en usage en Angleterre. M. Bérigny a proposé d'appliquer ce moyen à la canalisation de la Seine de Paris à Rouen. La Seine serait alors navigable en été, et sa vitesse réduite à $0^{m},25$ ou $0^{m},20$ par seconde; un cheval remonterait aisément un bateau de 40 à 50 tonneaux.

Les travaux qui ont pour objet la navigation en lit de rivière, ne consistent quelquefois que dans le déblai de rochers ou de bancs de graviers qui embarrassent le lit de la rivière, ou dans des digues élevées sur ses bords pour rétrécir son lit ou redresser son cours, etc.

Les grandes sinuosités, la multiplicité des bras, les cataractes et les rapides d'une rivière, obligent à quitter son lit et à faire des canaux latéraux.

Des Canaux considérés sous des rapports militaires.

Les canaux peuvent être considérés comme lignes de défense et comme lignes de communication. Ils ont de l'importance et sont assujétis à des conditions particulières sous ce double rapport.

Lorsqu'un canal doit servir de ligne de défense, on applique à son tracé les principes de la fortification. Quant aux digues du canal, on supprime ou l'on abaisse, autant qu'il est possible, celle située du côté du territoire ennemi, et l'on donne à celle opposée le profil d'un retranchement de campagne. On établit sur cette dernière le chemin de halage; on fait tous les ponts en charpente; on construit les écluses dans les angles rentrans, et on donne à leurs portes une hauteur suffisante pour former au besoin une retenue d'eau de 2 mètres de profondeur. Si c'est un canal latéral, on l'établit sur la rive que doivent occuper les troupes chargées de la défense. S'il était placé sur l'autre rive, l'ennemi, maître de la prise d'eau, pourrait, en la fermant, mettre le canal à sec; en l'ouvrant, faire baisser les eaux dans la rivière, ce qui, dans certains cas, la rendrait guéable.

Comme lignes de communication, les canaux doivent être assujétis à passer dans les places ou à la portée de leurs canons, afin que l'ennemi ne puisse pas les faire servir au transport de ses troupes ou du matériel de ses armées; ils seront d'ailleurs très utiles aux places qu'ils uniront, soit pour leur apporter les munitions et les approvisionnemens dont elles ont besoin, soit pour fournir des eaux à leurs fossés ou alimenter des inondations. Les biefs de partage, vastes réservoirs d'eau, peuvent plus particulièrement avoir cette dernière destination. Remarquons enfin qu'on ne doit pas établir au-dessous du niveau des inondations des places le seuil des biefs de partage de canaux communiquant avec elles, afin que l'ennemi ne puisse pas, par les canaux, saigner les inondations.

NOTES
SUR LES TRANSPORTS.

Des transports sur les routes ordinaires.

SUIVANT Coulomb, « un homme (1) qui marche sur un chemin horizontal, sans porter aucun fardeau, peut parcourir dans sa journée un espace de 50 kilomètres, et continuer le même exercice les jours suivans. Le poids d'un homme est de 60 à 70 kilogrammes.

« Un porte-faix, chargé de 50 kilogrammes, peut parcourir en un jour, sur un chemin horizontal, un espace de 18 kilomètres, ou 4 lieues 1/2 de poste. »

On évalue, d'après le voyage de Borda au pic de Ténériffe, à 2,900 mètres la hauteur à laquelle peut s'élever un homme qui monte une rampe pendant toute une journée, sans porter aucun fardeau. Dans les Alpes, on calcule le temps nécessaire pour gravir les montagnes, à raison d'une heure pour 400 mètres de hauteur. (Pictet, *Nouvel Itinéraire des vallées autour du Mont-Blanc.*)

Lorsqu'un homme monte chargé de 50 kilogrammes, la hauteur à laquelle il peut s'élever dans sa journée est de 1,000 mètres environ.

Le colporteur, chargé de 44 kilogrammes, fait en voyageant de 18 à 20 kilomètres par jour.

---

(1) Lorsque l'on dit un homme, un cheval, on entend un homme, un cheval de force ordinaire.

Le soldat d'infanterie porte en route, en temps de paix, $18^k,7$, et en temps de guerre $25^k,5$. Le grenadier et le voltigeur portent $20^k,4$ dans le premier cas, et $27^k,2$ dans le second. La distance moyenne des lieux d'étape, qui est de 24 kilomètres, est parcourue en six heures, non compris le temps des haltes.

Un bon cheval, chargé de son cavalier, peut parcourir journellement, en sept ou huit heures, 40 kilomètres, ou 10 lieues de poste. Le cheval pèse de 225 à 250 kilogr.; la selle et le cavalier pèsent ensemble environ 90 kilogr. Le poids du cheval de trait est évalué à 280 kilogr. dans l'ouvrage Gerstner, et à 508 kilogr. dans les ouvrages anglais.

La charge des mulets et des chevaux de bât est ordinairement de 100 kilog., non compris le bât, qui pèse environ 25 kilog.: elle ne doit pas excéder 120 kilog. Un homme conduit deux mulets, quelquefois trois.

Plusieurs causes font varier la charge utile que peut traîner un cheval attelé à une voiture. Les résultats suivans sont extraits du mémoire de M. Schwilgué.

DÉSIGNATION DES VOITURES.	Poids des voitures.	CHARGE UTILE.			Charge totale par cheval.
		hiver.	été.	moyenne	
ROUTE DU HAVRE A ROUEN.					
Charrette de 0,08 de bandes	500	826	991	941	1,441
— de 0,17	1,500	661	872	785	1,085
Chariot comtois à 1 cheval	350	816	971	950	1,300
Chariot de 0,17 de bandes	2,500	719	802	763	1,119
Voitures diverses		698	853	792	

Aux résultats précédens nous ajouterons les suivans: dans les Pyrénées, la charge utile par cheval, est de 450 kilog.; à Paris elle est de 14 à 1600 kilogr.

Toutes les voitures de roulage sont conduites au pas. On

calcule la durée des voyages par le roulage ordinaire à raison de 24 à 28 kilomètres par jour, et la durée des voyages par le roulage accéléré au moyen de relais, à raison de 60 kilom. en 24 heures. Les voitures font souvent davantage, mais il faut tenir compte des retards.

Les chevaux vont plus vite sur les routes pavées que sur les routes en cailloutis, ou à vitesses égales ils peuvent conduire des charges plus fortes. Les nombres qui expriment le travail journalier sont à peu près dans le rapport de 3 à 2. Voici les vitesses observées par M. Schwilgué.

	SUR LES ROUTES	
	en cailloutis.	pavées.
Voitures de roulage..........	3,385 mèt.	4,800 mèt.
Diligence *la Vélocifère*.......	7,765	10,910
Voitures des mareyeurs.......	8,000	10,667

En Angleterre, la vitesse moyenne des voitures de relais est de 14,4 kilomètres par heure, le maximum est 16 kilomètres, vitesse des malles-postes. Les routes sont meilleures, les relais plus courts, et les diligences moins chargées. Les relais sont de 8 à 10 kilomètres; la charge par cheval de 500 kilogrammes.

Dans les voitures qui ont une grande vitesse, la quantité d'action utile est diminuée; 1° par l'affaiblissement de la force de traction; 2° par l'augmentation des chocs; 3° parce que ces voitures sont plus pesantes. Le poids du chargement d'une diligence est tout au plus égal à celui de la diligence vide.

La vitesse des malle-postes de France est de 10,4 kilomètres par heure, à raison d'une poste en 46 minutes.

La vitesse des estafettes est de 3 à 4 lieues à l'heure.

Les nouvelles se transmettent par les télégraphes avec une vitesse de trente lieues par minute.

La charge totale par cheval attelé aux affûts et caissons des batteries de 8, qui doivent suivre les mouvemens de troupes, est de 300 kilogrammes.

La charge des voitures attelées de bœufs est de 460 kilog.

par paire de bœufs (D'Antoni, de l'artillerie à la guerre, p. 380). Une couple de bœufs est l'équivalent d'un cheval dans quelques contrées.

Des transports sur les chemins de fer.

Un cheval, dont la force de traction est de 60 kilog., traîne sur un chemin de fer horizontal, une charge de 12 tonneaux, dont 8 de charge utile, avec une vitesse de 3200 mètres à l'heure; ou une charge de 9 tonneaux, dont 6 de charge utile avec une vitesse de 4000 mètres à l'heure. Il travaille environ 10 heures.

Un fort cheval traîne une charge de 4264 kilog. avec une vitesse de 4180 mètres à l'heure sur un plan incliné à $\frac{1}{60}$ entre Whistable et Canterbury. Cette charge suppose un effort de traction égal à $(\frac{1}{60}+\frac{1}{200})$ 4264 kilog.=93 kilogr.; la longueur du plan incliné n'est que de 1600 mètres.

La force du cheval vapeur dans le langage des ingénieurs anglais, est représentée par un poids de 76 kilogr. élevé à 1^{m} de hauteur, en une seconde. Dans cette hypothèse, celle d'une machine à vapeur locomotive de 11 chevaux est représentée par un poids de 125,4 kilog. élevé à 24 kilomètres en 1 heure, ou par un poids de 188,1 kilog. élevé à 16 kilomètres en 1 heure. Une semblable machine peut donc traîner une charge totale de 25,04 tonneaux avec une vitesse de 24 kilomètres, ou une charge de 37,62 tonneaux avec une vitesse de 16 kilomètres, le rapport du tirage à la charge totale étant de $\frac{1}{200}$. De cette charge, il faut retrancher le poids de la machine, 4 à 5 tonneaux, celle d'un train d'approvisionnement, 2 à 3 tonneaux, et prendre les $\frac{2}{3}$ du reste pour avoir la charge utile, environ 20 tonneaux avec une vitesse de 16 kilomètres à l'heure. La consommation du charbon, qui, dans les premières machines locomotives, était d'un demi-kilogramme par tonneau et par kilomètre, n'est que de $0^{k},25$ dans celle qu'on emploie actuellement. Le prix d'une machine se calcule à raison de 12 à 1500 fr. par cheval.

Des transports sur les canaux.

La quantité d'action utile des moteurs employés au halage des bateaux sur les canaux varie pour les mêmes moteurs suivant les dimensions des canaux, la forme des bateaux et la vitesse avec lequelle ils sont conduits. Un bateau chargé exige une traction très-faible pour être halé dans un fluide indéfini avec une vitesse médiocre, après que la force d'inertie a été vaincue. Lorsque les dimensions du canal ne sont pas très grandes par rapport à celles du bateau, la résistance augmente (1). Les parois latérales du bateau et du canal étant presque verticales et la hauteur sous le fond du batéau égale au quart de la hauteur de la flottaison, la résistance est plus que doublée lorsque la largeur du canal est deux fois celle du bateau, et plus que quadruplée lorsque la largeur du canal n'est que les $\frac{7}{6}$ du bateau. Les herbes qui croissent sur le fond des canaux peuvent contribuer à augmenter la résistance au halage.

La forme des bateaux fait varier le coëfficient de la résistance de l'eau entre les limites suivantes : 1,1 et 0,18 ; 1,1 pour les toues proprement dites rectangulaires, terminées à chaque extrémité par une face à peu près perpendiculaire à leur longueur, et 0,18 pour les navires de mer. Entre ces derniers et les toues sont les barques qui portent différens noms et qui ont une proue et une poupe de formes diverses.

La résistance de l'eau paraît être assez exactement proportionnelle au carré de la vitesse du bateau. Il faut une force de traction quadruple pour obtenir une vitesse double.

La vitesse des bateaux halés par les hommes sur le canal de Givors (2), qui est étroit, est de 1,100 mètres à l'heure. Sur

---

(1) Navier, *Résumé des leçons sur l'application de la mécanique, etc.*, lithographié. 1829-1830.

(2) Lamé, Clapeyron et Flachat, *Vues politiques et pratiques sur les travaux publics de France*. In-8°, Paris, 1832.

d'autres canaux, en France, elle est de 12 à 1500 mètres. Un homme traîne 50 à 70 tonneaux et travaille 8 heures par jour.

La vitesse des bateaux halés par des chevaux est de 3000 mètres en France à raison de 50m par minute ; elle est de 4000 mètres en Angleterre. Un cheval traîne, en France, 60, 75 jusqu'à 100 tonneaux, suivant la force des chevaux, la forme des bateaux, la largeur des canaux, il parcourt 24 à 30 kilometres. Sur le canal de Saint-Quentin un seul cheval traîne des bateaux chargés de 140 tonneaux; mais il ne parcourt pas au-delà de 2 lieues et demie à 3 lieues par jour (1). Un cheval ne traîne, en Angleterre, que 30 tonneaux; mais il va plus vite, parcourt une distance plus grande, 40 kilomètres. L'effort du cheval est moindre de $\frac{1}{3}$ à $\frac{1}{4}$, s'il est monté. Les barques ne font que 1900m, dans les canaux souterrains étroits.

La vitesse des barques de poste sur les canaux n'avait pas jusqu'à présent excédé 7,2 kilomètres à l'heure. Un mouvement accéléré occasione des vagues qui détruisent promptement les berges des canaux. Mais par des changemens apportés récemment en Ecosse, à la forme des barques, on a évité cet inconvénient, et l'on doit établir sur le canal de Forth et Clyde, des paquebots qui feront 10 à 12 kilomètres à l'heure, les temps d'arrêt compris. Ils seront mus par des machines à vapeur avec les roues à l'arrière. Les expériences ont été faites avec des chevaux lancés au galop, et ont d'abord paru contredire la loi de la résistance proportionnelle au carré de la vitesse, mais l'anomalie observée est attribuée à la forme des barques.

Prix des Transports par terre.

Dans les transports par terre, l'unité de poids est le quintal métrique, et l'unité de distance est, ou la lieue de poste, ou

---

(1) Perdonnet, Association Polytechnique, compte rendu trimestriel, juillet 1832, page 24.

le kilomètre. Dans les transports par eau, l'unité de poids est ordinairement le tonneau, et l'unité de distance, le demi-myriamètre.

Sur la frontière d'Espagne, en 1821, le transport du quintal métrique à dos de mulet coûtait $0^f,45$ par lieue, et le transport par voiture $0^f,17\frac{1}{2}$, plus tard $0^f,40$, et $0^f,65$ en 1823.

Les prix du roulage, sur les routes ordinaires, ne sont point fixes; la mauvaise saison, la rareté des voitures, ou l'abondance des marchandises à transporter, causent l'augmentation : la bonne saison, l'affluence des voitures, et la rareté des marchandises, produisent l'effet contraire.

	ROULAGE		DILIGENCE.
	ordinaire.	accéléré.	
Prix du quintal métrique par lieue.	0f,09 ; 0f,12	0f,16 ; 0f,20	0f,32 ; 0f,44
Id. du tonneau par kilom.	0f,225 ; 0f,30	0f,40 ; 0f,50	0f,80 ; 1f,10

Dans le marché général de la guerre pour les transports pendant les années 1825 à 1830, le roulage ordinaire est payé 0f,126 par quintal métrique et par lieue de poste, et le roulage accéléré $0^f,192$.

Le prix moyen en France en 1832, est de 0f,091. Il est de $0^f,114$ en Prusse, de $0^f,21$ en Piémont et en Suisse, et de $0^f,38$ en Angleterre. (*Moniteur* du 24 février 1832.)

Le prix moyen des places dans les diligences est de 0f,45 par lieue et par personne. On passe 10 kilogrammes de bagage.

Les chemins de fer ne font point partie du domaine public ; ils appartiennent à des compagnies auxquelles le gouvernement accorde l'autorisation de les établir à des conditions qui sont déterminées par une loi ou par une ordonnance. Les prix de transport sont fixes, et représentent l'intérêt des fonds dépenses par la compagnie, et les frais de la conduite des voitures, dont elle se charge ordinairement.

Droit à percevoir par tonneau et par kilomètre.

Sur le chemin :

De Saint-Étienne à Andrezieux		0f,186
D'Andrezieux à Roanne	à la descente	0,145
	à la remonte	0,175
De Lyon à Saint-Étienne	à la descente	0,098
Id. jusqu'en 1841	à la remonte de Givors	0,120
	id. de Rive de Gier	0,130
D'Andrezieux à Montbrison		0,150

Le transport des voyageurs paraît devoir être calculé à raison de 0f,30 par lieue et par personne, pour une vitesse de 4 à 6 lieues à l'heure.

Prix des transports par eau.

Les prix auxquels reviennent les transports par eau se composent des droits de navigation, du fret des bâtimens, et des frais de halage.

Les droits de navigation sur les rivières sont modiques; le fret des bâtimens varie peu; les frais de halage sont presque nuls en descendant, mais ils sont plus ou moins considérables en remontant.

	SUR LA SEINE, ENTRE PARIS ET ROUEN,		SUR LE RHONE,
	en descendant.	en remontant.	en remontant.
Prix du tonneau par distance de cinq kilom.	0f,16	0f,33	1f,17

Depuis quelques années un halage accéléré a été établi entre Rouen et Paris, au moyen de relais.

Le loyer des bateaux, le salaire des équipages et les frais

de halage sur les canaux, montent ensemble à $0^f,08$, au plus à $0^f,12$, par tonneau et par distance de 5 kilomètres.

Les droits de navigation sont plus considérables; ils varient suivant les canaux et suivant la nature des chargemens. Voici ceux qui doivent être perçus sur plusieurs des canaux en construction, d'après les tarifs annexés aux lois concernant l'ouverture de ces canaux :

Par kilolitre de froment, orge, seigle, blé de Turquie, soit en grain, soit en farine. . . . $0^f,250$
Par kilolitre de vin, eau-de vie, vinaigre et autres boissons, suivant les canaux. . . . $0^f,400$ à $0^f,600$
Par quintal métrique de mine et de minerais. $0^f,015$.
Idem de fer et fonte. . . . . $0^f,030$
Idem de sucre, café, huile, etc. $0^f,044$
Par mètre cube de marbre et pierre de taille. $0^f,200$ à $0^f,600$
Idem de plâtre, tuiles, ardoises et chaux. . . . . $0^f,200$
Par mètre cube de charbon de terre, de bois d'équarrissage, de sciage, et autres. . . . . $0^f,200$
Idem de bois à brûler. . . . . $0^f,100$

Les poids ne sont pas comptés au-dessous du quintal métrique, et les cubes au-dessous du dixième de mètre cube.

Sur quelques canaux, les droits sont réglés par *chaque centimètre* d'enfoncement d'eau, déduction faite de 6 centimètres pour le fond du bateau.

AVANTAGES COMPARÉS DES TRANSPORTS PAR TERRE ET PAR EAU.

Les transports sur les routes ordinaires ne sont sujets, en France, à aucun droit; néanmoins ils sont dispendieux, mais ils sont prompts et ont lieu dans toutes les saisons. Les époques de départ et d'arrivée sont fixes.

Les transports sont interrompus fréquemment sur la plupart des canaux, en été par défaut d'eau, en hiver par les gelées ; ils sont lents, et les arrivages n'ont pas lieu d'une manière régulière. Mais ces inconvéniens sont rachetés par la modicité des prix auxquels les transports sont effectués. En effet,

1° Le frêt total, par tonneau et par distance de cinq kilomètres, est de. . . . . 0,10 f.

2° Le droit perçu sur les marchandises transportées en plus grande quantité est de. 0,20

Total. 0,30

Prenant le $\frac{1}{5}$ pour 1 kilomètre, ci. 0,060

Or, les prix du roulage par terre sont :

Sur les routes, de. . . . . 0f,225 et 0f,300

Sur les chemins de fer, de. 0,150

L'avantage est en faveur des canaux. Cependant nous ferons observer que lorsqu'on veut comparer des dépenses de transport, il faut les calculer à raison des distances qui sont parcourues depuis le lieu de départ jusqu'au lieu d'arrivée. Les distances par eau sont le double, quelquefois le triple des distances par terre. Les armées doivent en général préférer les rivières et les canaux aux routes pour le transport des approvisionnemens et des équipages de siége.

Nous terminerons ces notes par le calcul de la masse des transports qui doivent avoir lieu sur un canal ou sur un chemin de fer, pour que cette entreprise donne un bénéfice aux actionnaires.

Nous ne parlons pas des routes sur lesquelles on ne perçoit aucun droit en France ; il nous suffira de dire que le kilomètre des routes royales revient, non compris les ponts, à 12, 15 et 18000 francs, suivant la classe à laquelle les routes appartiennent, et que l'on calcule la dépense de l'entretien des chaussées à raison de 2,280 francs par lieue, dont $\frac{3}{4}$ pour achat de matériaux et $\frac{1}{4}$ pour la main-d'œuvre.

Le kilomètre des grands canaux de navigation est évalué à 175,000 f., y compris les ouvrages d'art, les frais de conduite et les pertes d'intérêt, mais le prix moyen du kilomètre de différens canaux n'est que de 125,000 fr.

Appelant n le nombre de tonneaux, d le droit perçu, déduction du frêt lorsqu'il est compris dans le droit, et c le montant de l'intérêt et des autres dépenses annuelles à la charge des actionnaires, on aura :

$$nd = c.\ n = \frac{c}{d}$$

Cinq kilomètres de canaux à 125,000 f.	625,000 f.
Intérêts à 6 p. 0/0.	37,500
Frais d'entretien et d'administration, à 2500 f. par kilomètre (NAVIER, *Ann.*, 2ᵉ ann., cah. 1ᵉʳ.)	12,500
Valeur de c.	50,000

Le péage moyen accordé par le gouvernement, où d est égal à $0^{f},20$. On aura . . . .

$$n = 250,000 \text{ tonneaux.}$$

Or, il n'y a pas de canaux en France sur lesquels un transport aussi considérable ait lieu ; c'est pourquoi le gouvernement a fait les frais de la plupart des canaux, les regardant avec raison comme des entreprises dont profite toute la société.

Les chemins de fer réunissent en partie les avantages des routes et des canaux. Ils comportent un service prompt et régulier presque en tout temps, et ils économisent la force motrice. Ils l'emportent sur les canaux lorsque les transports doivent être effectués avec une vitesse qui excède 8 kilomètres à l'heure ; la résistance que l'eau oppose à un bateau qui a cette vitesse est à celle de l'eau contre un bateau halé avec la vitesse ordinaire de 3 kilomètres :: 64 : 9. Lorsque la vitesse du halage doit être moindre, le transport par eau est plus économique. Les canaux ont l'avantage de remplir plusieurs autres objets utiles fort importans; mais la grande vitesse qu'on obtient sur les chemins de fer par l'emploi des machines à vapeur locomotives, est un avantage précieux qui n'appartient qu'à ce genre de communication.

Le kilomètre d'un chemin de fer à deux voies praticables aux machines à vapeur locomotives, dans toute son étendue, est évalué à 160,000 fr. (*Vues politiques et pratiques sur les travaux publics en France.*)

Les frais d'entretien et d'administration n'ont pas encore été exactement déterminés.

Le prix du transport d'un tonneau à un kilomètre de distance par les machines locomotives varie, suivant le prix du charbon et la pente des chemins de fer, de 2 jusqu'à 10 centimes; prix moyen $0^f,05$. Le droit perçu, et comprenant cette dépense, est d'environ $0^f,15$; reste pour la valeur de $d = 0^f,10$.

Intérêt du prix du kilomètre à 6 p. 0/0.	9,600 f.
Frais d'entretien et d'administration, environ. .	2,400
Valeur de *c*.	12,000 f.

$$\text{d'où } n = \frac{12,000}{0,10} = 120,000 \text{ tonneaux.}$$

Il faut, en outre, tenir compte du nombre de voyageurs qui prendront la voie du chemin de fer. La dépense du transport d'un voyageur par les machines locomotives peut varier de 1 centime $\frac{1}{2}$ à 3 centimes $\frac{1}{2}$ par kilomètre, ou de 6 à 14 centimes par lieue, suivant le prix du charbon et les voitures employées. Le prix demandé est de 7 centimes $\frac{1}{2}$ par kilomètre; à ce taux, la valeur de *d* est comprise entre 6 et 4 centimes.

Le kilomètre d'un chemin de fer à deux voies, et servi par des chevaux ou des machines fixes, n'est évalué qu'à 70,000 f.

Les frais du roulage sur un chemin de fer *horizontal* au moyen de chevaux doivent être le $\frac{1}{7}$ environ de ceux qui ont lieu sur les routes ordinaires, ou de $0^f,032$ par tonneau et par kilomètre.

Le prix moyen du kilomètre de chemin de fer est de 125,000 f., et le prix de la lieue de 500,000 fr.

STATISTIQUE

DES PRINCIPAUX CANAUX ET CHEMINS DE FER,

ET

DES ROUTES CARROSSABLES OUVERTES DANS LES ALPES ET LES APENNINS.

CHAPITRE PREMIER.

CANAUX ET CHEMINS DE FER.

FRANCE.

§ I. *Canal du Midi ou des deux mers.*

Ce canal, justement célèbre, débouche, d'une part, dans la Garonne, un peu au-dessous de Toulouse, et de l'autre dans l'étang de Thau, qui communique avec le port de Cette, sur la Méditerranée. Il a 2 mètres de profondeur d'eau, et décrit, de Toulouse à Béziers, en passant par Castelnaudary, un arc qui présente sa convexité au sud.

Le bief de partage est situé sur le plateau étroit de Naurouse, qui unit la chaîne des Cévennes à celle des Pyrénées. Le vaste bassin de Saint-Ferréol, qui alimente ce bief, est dans un vallon sur le versant du Tarn, affluent de la Garonne. Il retient les eaux du Laudot, petit ruisseau qui se jette dans le Sor, affluent du Tarn. Il est éloigné de 2 kilomètres du bief de partage, et plus élevé de 192 mètres que ce bief, auquel il envoie ses eaux par une rigole, dite *rigole de la plaine*, et par une autre rigole, dite *rigole de la montagne*; il reçoit celles de l'Alzau, du Lampy et de deux autres cours d'eau, qui tous appartiennent au versant de la Méditerranée. Le bassin du Lampy est situé à 262 mètres au-dessus de celui de Saint-Ferréol, et à 643 mètres au-dessus de la mer. La rigole de la montagne passe du versant de la Méditerranée sur le versant de l'Océan, au souterrain de Campmazès.

Du côté de la Garonne, le canal a pu être ouvert sans difficulté dans le vallon de Lers-Mort; du côté opposé, des torrens et plusieurs petites rivières qui en croisaient la direction ont nécessité un grand nombre d'ouvrages d'art. Le canal descend d'abord dans le vallon du Fresquel; puis il côtoie la rive gauche de l'Aude sur une longueur de 48 kilomètres, s'en éloigne et traverse l'Orb, qui lui sert de lit sur une longueur de 800 mètres environ, près de Beziers. Il a été achevé en 1680.

Canal latéral à la Garonne.

La Garonne et la Gironde forment le prolongement du canal du Midi jusqu'à l'Océan. La navigation de la Garonne est malheureusement difficile, lente, quelquefois même dangereuse; pendant trois mois de l'année, elle a une profondeur médiocre sur plusieurs points où son lit est embarrassé par des amas de sable, de cailloux, ou par des bancs de rochers. Dans cet état de choses, on s'est arrêté au projet d'un canal latéral qui aurait 190 kilomètres depuis Toulouse jusqu'à Castets, à 50 kilomètres au-dessus de Bordeaux. Ce canal serait exécuté sur la rive droite de la Garonne, de Toulouse à Agen, passerait sur la rive gauche au moyen d'un pont aqueduc à Agen, et serait ensuite exécuté sur la même rive jusqu'à Castets. Il aurait un embranchement sur Montauban.

Canal royal des Pyrénées.

Ce canal, dont la concession a été accordée, doit être la prolongation du canal du Midi, de Toulouse à Baïonne, en remontant la Garonne jusqu'à Saint-Gaudens, et descendant la vallée de l'Arros, puis celle de l'Adour. Son exécution présente des difficultés. Il formerait une ligne de défense et de communication sur la frontière.

Navigation de l'Isle.

L'Isle, affluent de la Dordogne, est près d'être rendue navigable sur une étendue de 145 kilomètres de Périgueux à Libourne.

§. 2. Jonction du Rhône et de la Garonne, canal d'Arles, canal de Rive-de-Gier.

Cette jonction a lieu au moyen du canal de Beaucaire à Aigues-Mortes, du canal de la Radelle et des canaux des Étangs. Tous ces canaux ont 2 mètres de profondeur d'eau.

Le canal de *Beaucaire à Aigues-Mortes* a 50 lieues de longueur. Il a deux objets, la jonction du Rhône aux canaux des Etangs, qui est importante, et la jonction de Beaucaire à la mer, par une voie plus commode que le canal du Petit-Rhône. A cet effet, un canal a été ouvert d'Aigues-Mortes à la mer sous le nom de canal du Grau du Roi ou canal d'Aigues-Mortes. Le canal de la *Radelle* joint Aigues-Mortes à l'étang de Mauguio. Les canaux des *Etangs* sont au nombre de trois, et joignent différens étangs situés sur le littoral de la Méditerranée. Le dernier se termine à Cette. Ils servent en outre au dessèchement de marais et à l'irrigation des terrains desséchés.

Le canal d'*Arles à Bouc* se compose de trois biefs; deux sont terminés. Ce sera une nouvelle embouchure, ouverte au Rhône, qui n'aura point les inconvéniens communs à la à la plupart des embouchures des fleuves dans la mer.

Le canal de *Rive de Gier à Givors* sur le Rhône, construit pour le transport du charbon de terre des houillères de Rive-de Gier, est remarquable par une percée souterraine, par sa position sur le penchant d'un coteau très-escarpé en quelques endroits, et surtout par le bassin qui avec le Gier sert à l'alimenter. Ce bassin, comparable à celui de Saint-Ferréol, retient les eaux du Couson, affluent du Gier.

§ 3. Canal du Rhône au Rhin.

Ce canal est regardé comme terminé. Il joint le Rhône au

Rhin, au moyen de la Saône et du Doubs, en passant par Dôle, Besançon, Montbéliard, Mulhouse, Neuf-Brisach et Strasbourg. Il prend son origine dans la Saône, un peu au-dessus de Saint-Jean-de-Losne. De cette ville à Dôle, il est alimenté par le Doubs; la différence de niveau est de 20^m, 18 De Dôle à Vougeaucourt sur le Doubs, non loin de Montbéliard, la plus grande partie du canal est exécutée en lit de rivière. Le bief de partage a 9,804 mètres de longueur; le village de Valdieu, sur la route de Belfort à Bâle, est situé à l'une de ses extrémités; il doit être alimenté par deux rigoles, l'une dérivée de la Largue, l'autre qui prendra son origine dans les Vosges. De Valdieu à Strasbourg, le canal a été creusé dans un terrain d'alluvion extrêmement perméable, qui exige des travaux d'étanchement. Il reçoit à Mulhouse, dans un bassin circulaire, un embranchement navigable, qui prend les eaux du Rhin dans les fossés de l'ancienne place d'Huningue. Il forme avant-fossé à la queue des glacis de Neuf-Brisach. Enfin il est en communication avec le Rhin par l'Ill et par le canal de Strasbourg au Rhin.

§ 4. *Jonction du Rhône et de la Seine par le canal de Bourgogne.*

Ce canal, projeté depuis long-temps, aura l'avantage d'établir une communication directe entre le Rhône et la Seine, au moyen de la Saône et de l'Yonne. Il a son embouchure dans la première de ces deux rivières à Saint-Jean-de Losne; son embouchure dans la seconde est à la Roche sur Yonne; son développement total sera de 243 kilomètres. Il est navigable en ce moment sur une longueur de 94 kilomètres, savoir 69 sur le versant de la Saône et 25 sur le versant de l'Yonne. On a été obligé, pour recueillir les eaux d'une étendue superficielle suffisante, d'établir le bief de partage à 50 mètres au-dessus du faîte qui sépare les deux versans; ce bief a un souterrain voûté de 3,333 mètres de longueur, qui est terminé. Plusieurs rigoles doivent y amener les eaux nécessaires à la navigation. Il passe à Pouilly

§ 5. *Jonction du Rhône et de la Loire.*

Le canal du *centre* ou du *Charolais* effectue cette jonction, au moyen de la Saône. Il débouche dans cette rivière à Châlons et dans la Loire à Digoin. Le bief de partage traverse la chaîne qui sépare la Loire de la Saône dans un endroit où elle est fort basse et comme interrompue. Sa position était indiquée par les étangs de Montchanin et de Longpendu, situés très près l'un de l'autre, le premier sur le versant de la Loire, le second sur le versant de la Saône. Il a été creusé dans l'étang de Longpendu, qui était un peu plus élevé que celui de Montchanin. Il est alimenté par plusieurs autres étangs ; le principal est celui de Torcy dont la digue a été récemment exhaussée. Le canal côtoie d'un côté la Bourbince, de l'autre, jusque près de Chagny, la Dheune, affluent de la Saône, et de Chagny à Châlons, la Thalie.

§ 6. *Jonctions de la Loire et de la Seine, canal latéral à la Loire et canal du Berry.*

La Seine est jointe à la Loire par deux canaux, le canal de Briare et le canal d'Orléans. Elle doit l'être par un troisième, le canal du Nivernais.

Le canal de *Briare*, commencé en 1605 sous Henri IV, a été livré à la navigation en 1642. Il unit la Loire au Loing, à Montargis. Le Loing a été ensuite canalisé depuis Montargis jusqu'à son embouchure dans la Seine, à Saint-Mamert. Le canal de Briare est le premier canal à point de partage exécuté en Europe. Le bief de partage est bien situé ; on y amène presque directement, des deux versans, plusieurs ruisseaux qui ont un long cours et qui reçoivent les eaux d'une étendue de pays considérable. Ces eaux sont tenues en réserve dans plus de trente étangs. On a fait la faute de construire à Rogny sept écluses accolées, et de donner aux écluses voisines du bief de partage des hauteurs de chute très-différentes entre elles.

Le canal de *Loing* a 53 kilomètres de longueur, dont 13 dans le lit du Loing.

Le canal d'*Orléans* commence à Combleux sur la Loire, au-dessus d'Orléans. Il s'embranche sur le canal de Loing, à Buges, au-dessous de Montargis. Le bief de partage est situé à 10 lieues de celui du canal de Briare, sur le même plateau. Il a 18,722 mètres d'étendue et est établi sur une longueur de 2,900 mètres dans une tranchée qui a 15 à 16 mètres de profondeur. Il tient lieu de bassin de distribution.

Le canal du *Nivernais* commence à Auxerre, remonte la vallée de l'Yonne jusqu'à la Chaise, s'élève par la vallée de la Colancelle jusqu'au Port-Brulé, où commence le bief de partage qui a 4,474 mètres de longueur jusqu'à Baye; il descend ensuite vers la Loire en suivant le ruisseau de Baye jusqu'à Mingot près de Châtillon, et la vallée de l'Aron jusqu'à Decize. Son développement total est de 175 kilomètres; il y aura 81 écluses sur le versant de l'Yonne et 37 sur celui de la Loire. La dépense faite monte à 12 millions.

Le canal *latéral* à la Loire, de Digoin à Briare, est nécessité par le peu de profondeur de la Loire entre ces deux points, par l'irrégularité de ses crues et par sa rapidité. Il sera situé entièrement sur la rive gauche; il s'unira au canal du centre par un pont aqueduc, et il franchira l'Allier par un semblable pont qui aura dix-huit arches; quinze sont déjà faites. Il aura 192 kilomètres de longueur et 105 mètres de pente rachetée par des écluses. La dépense faite monte à 16 millions.

Le canal du *Berry* se compose de trois branches qui ont un bief de partage commun, près de Rhimbé. Ce bief a 17,274 mètres de longueur et est presque terminé. La première branche doit communiquer au canal latéral à la Loire en aval du bec d'Allier, par Sancoins, en suivant la vallée de l'Aubois; elle aura 28 kilomètres de longueur et 26^{m},65 de pente rachetée par treize écluses. La seconde branche se dirige vers la Loire, immédiatement à l'amont de Tours, par

Bourges et Vierzon, en suivant les vallées de l'Auron, de l'Evre et du Cher; elle aura 207 kilomètres de longueur et 150 mètres de pente rachetée par soixante-douze écluses. enfin la troisième branche remonte jusqu'à Montluçon par Saint-Amand, en suivant les vallées de la Marmande et du Cher: elle aura 68 kilomètres de longueur. Elle est en pente descendante dans la vallée de la Marmande, depuis le bief de partage jusqu'à Saint-Amand, et en pente montante depuis Saint-Amand jusqu'à Montluçon. La longueur réunie des trois branches est d'environ 320 kilomètres. L'étendue navigable en ce moment est de 156 kilomètres, de Montluçon à Vierzon par Saint-Amand, Bannegon, Dun-le-Roi et Bourges. Une grande partie du canal a été exécutée en petite section, quant à la largeur des écluses, qui a été réduite à $2^{m},70$.

§ 7. *Jonctions de la Seine et de la Meuse.*

La Seine est jointe à la Meuse au moyen de l'Oise, de l'Aisne et du canal des Ardennes. Elle doit l'être en outre au moyen de l'Oise et de la Sambre et d'un canal de jonction de ces deux rivières.

Le canal des *Ardennes* s'embranche sur la Meuse, près de Donchery, entre Sedan et Mézières, et aboutit à l'Aisne à Semuy. Son cours se prolonge jusqu'à Neufchâtel, tantôt dans le lit de l'Aisne, tantôt sur la rive gauche de cette rivière; le choix de cette rive a été commandé par des considérations militaires. Le bief de partage situé au Chesne-le-Populeux, a 9,556 mètres de longueur; il est alimenté par la Bar dont on a suivi la vallée sur le versant de la Meuse. Cette branche du canal a 20,852 mètres de longueur, et $16^{m},65$ de pente rachetée par sept écluses. L'autre branche a été difficile à traiter: sur une longueur de 8,422 mètres de longueur jusqu'à Semuy, elle a $79^{m},10$ de pente rachetée par vingt-six écluses. On a fait dans la vallée de la Bar deux percées souterraines, nécessitées par deux méandres considérables que forme la Bar.

Le canal de l'Oise à la Sambre, proposé depuis long-temps par les ingénieurs militaires, n'est pas encore commencé.

§ 8. *Jonctions de la Seine à l'Escaut et à la Somme, et navigation de l'Oise.*

La Seine est jointe à l'Escaut au moyen de l'Oise, du canal de Manicamp à Chauny et du canal de Saint-Quentin.

Elle est jointe à la Somme au moyen de l'Oise, du canal de Manicamp à Chauny, du canal Crozat et du canal de la Somme.

Le perfectionnement de la navigation de l'Oise est un des travaux de canalisation dont l'importance a été depuis long-temps appréciée ; tous les canaux de jonction de Paris avec le nord de la France débouchent dans l'Oise. Le canal latéral à cette rivière se compose aujourd'hui, 1° du canal de Chauny à Manicamp, qui a 5 kilomètres; 2° d'un bief de 14 kilomètres entre les écluses de Manicamp et de Sempigny ; 3° d'un bief de 16 kilomètres depuis Sempigny jusqu'auprès du village de Sanville. De Sanville à Pontoise, sur une étendue qui est de 89 kilomètres, on a construit dans le lit de la rivière six barrages et six écluses à sas.

Le canal *Crozat* joint l'Oise à la Somme et fait partie du canal de Saint-Quentin. Sa longueur est de 41,550 mètres depuis Chauny jusqu'à Saint-Quentin.

Le canal de Saint-Quentin proprement dit unit la Somme et l'Escaut, Saint-Quentin et Cambray. Il a été ouvert à la navigation en 1810, mais creusé dans un terrain crayeux, il n'a jamais tenu l'eau. On y a exécuté dans ces derniers temps des travaux d'étanchement considérables auxquels on a employé le béton. On a en outre construit une rigole souterraine de 13,800 mètres de longuenr pour y amener les eaux du Noirieux. Le bief de partage est remarquable par deux souterrains de 8 mètres de largeur, qui ont l'un, 5,677 mètres de longueur, et l'autre 1,100 mètres. Il est à ciel ouvert, 1° depuis le Bosquet sur l'Escaut jusqu'à Maquincourt où commence le souterrain de Riqueval; 2° entre le souterrain de Riqueval et celui du Tronquoy; 3° depuis le Tronquoy jusqu'à Lesdin sur la Somme. La longueur de toutes les parties réunies est de 20,245 mètres. Il est alimenté par l'Escaut et par des sources qui ont causé des difficultés dans la construction. La longueur de la branche de la Somme, de Lesdin à Saint-Quentin est de 6,312; celle de la branche de l'Escaut, du Bosquet à Cambray, de 22,529 mètres. L'Escaut est canalisé depuis Cambray jusqu'à la frontière.

Le canal de la *Somme* établit par la vallée de la Somme une communication de la mer avec Paris. Il s'embranche sur le canal du Crozat près de Saint-Simon, et débouche dans la mer par l'écluse de Saint-Valéry. Sa longueur est de 157 kilomètres, partie en canal latéral, partie en rivière. La pente entre les deux points extrêmes est de 64 mètres. On peut dire que ce canal est achevé.

§ 9. *Jonction de l'Escaut aux places de la frontière du Nord.*

Les canaux au moyen desquels cette jonction est effectuée forment une ligne de défense sur la frontière du Nord. Le canal de la Sensée joint la Scarpe et l'Escaut. Il s'embranche sur l'Escaut canalisé, au-dessus de Bouchain, et sur la Scarpe au-dessus de Douai. Le bief de partage, plus élevé au-dessus de la Scarpe qu'au-dessus de l'Escaut, est alimenté par la Sensée.

La *Deule* est canalisée depuis Douai jusqu'à son embouchure dans la Lys. Elle passe à Lille.

Le canal de la *Bassée à Aire* joint la Deule et la Lys. Il s'embranche sur la Deule, à Berclau, et débouche dans la Lys entre Aire et le fort Saint-François, où un grand bassin lui est commun avec la Lys et le canal suivant: il est composé de deux biefs séparés par l'écluse de Cuinchy.

Le canal d'*Aire à Saint-Omer*, appelé aussi le *Neuf-Fossé*, unit la Lys et l'Aa. Il est fort ancien, et fut creusé dans l'origine pour séparer l'Artois de la Flandre.

L'*Aa* est navigable de Saint-Omer à Gravelines. Trois canaux s'embranchent sur l'Aa, savoir le canal de la Colme, de Watten à Furnes par Bergues, le canal de Calais, le canal de Dunkerque.

§ 10. *Navigation de la Seine.*

La navigation de la Seine, de Paris au Havre, est longue, difficile et fréquemment interrompue, le tirant d'eau de la Seine étant très-faible en été. Quelques travaux ont été exécutés sur différens points pour l'améliorer. Parmi ces travaux, il convient de citer les canaux Saint-Denis et Saint-Martin, qui, avec le bassin de la Villette, ne forment qu'un seul canal, de la Seine au pont d'Austerlitz, à la Seine à Saint-Denis. La navigation est alimentée par le canal de l'Ourcq, dont les eaux sont reçues dans le bassin de la Villette. Ce bassin est élevé de 25 mètres au-dessus de la Seine, à l'embouchure du canal Saint-Martin, et de 29^{m},05 au-dessus de la Seine à Saint-Denis, ces mesures prises en temps d'étiage. Le canal Saint-Denis a 15 mètres de largeur au plafond et 6,750 mètres de longueur; le canal Saint-Martin 26 mètres de largeur et 3,200 de longueur; le tirant d'eau est égal, 2 mètres. Le nombre des écluses est de 20. Un bateau met deux jours à aller d'une extrémité du canal à l'autre. Le mètre courant du premier a coûté 520 francs; celui du second, 2,340 francs.

§ 11. *Canaux de Bretagne.*

Ces canaux sont au nombre de trois, le canal de Nantes à Brest, le canal d'Ille et Rance et le canal du Blavet.

Le canal de *Nantes à Brest*, dont l'objet principal est d'assurer en temps de guerre les approvisionnemens du plus vaste et du plus important de nos arsenaux maritimes, se compose de trois canaux à point de partage: le premier unit la Loire et la Vilaine; il a 97 kilom. de longueur et est presque achevé. Son point de partage n'est élevé que de $21^m,40$, au-dessus de l'Océan. Le second est destiné à opérer la jonction du Blavet à l'Oust, affluent de la Vilaine; il remonte l'Oust sur une très-grande longueur, et franchit à Hilvern, entre Rohan et Pontivy, le seuil qui sépare le bassin de cette rivière de celui du Blavet. Le bief de partage est élevé de 70^m au-dessus du Blavet à Pontivy, et de 119^m au-dessus de la Vilaine à Redon. Le troisième canal joindra la navigation du Blavet à celle de l'Aulne, qui débouche dans la rade de Brest, au port Launay. Son bief culminant, situé sur le plateau de Glomel, est élevé de 182^m au-dessus de la mer, et de 132^m au-dessus du Blavet. La longueur du canal de Nantes à Brest est de 370 kilomètres. La dépense faite monte à 32 millions.

Le canal d'*Ille et Rance*, ou de Rennes à Dinan, canal très-important, a été ouvert à la navigation. L'Ille, ayant son embouchure dans la Vilaine, il est considéré comme un embranchement du précédent.

Le canal du *Blavet* est un embranchement du même vers la mer, il commence à Pontivy et se termine à Hennebon.

LONGUEUR DES CANAUX NAVIGABLES,

(D'après la carte de la navigation de la France publiée en 1832 par M. Dubrena.)

Canaux exécutés avant 1820..........	283 lieues
— *id.* depuis 1820 par concession.	$32\frac{1}{4}$
— en cours d'exécution par voie d'emprunts faits en 1821 et 1822.......	$604\frac{3}{4}$
Total..................	920

Total des dépenses faites et à faire pour achever les canaux de 1821 et 1822....	220 millions.

Etendue des routes royales............	8,600 lieues.
— départementales.....	7,700
— stratégiques projetées.	312

TABLEAU indiquant la longueur des principaux Canaux de France, celle de leurs biefs de partage, la hauteur de ces biefs au-dessus de la mer, etc.

CANAUX.	LONGUEUR en kilomètres.	NOMBRE d'écluses.	BIEF CULMINANT.		
			Longueur.	HAUTEUR AU-DESSUS de la mer.	HAUTEUR AU-DESSUS des lieux désignés dans la première colonne.
DU RHÔNE AU RHIN.	321k,3	171	2,804m	353m,70	
Saint-Jean-de-Losne					171,59
Dôle					151.41
Strasbourg					202,20
DE BOURGOGNE	242,0	191	6,100	390,11	
Saint-Jean-de-Losne					199
La Roche-sur-l'Yonne					299,54
DE SAINT-QUENTIN	93,4	35	20,245	83,33	
Chauny-sur-l'Oise					41,19
Saint-Simon-sur-la-Somme					18,76
Saint-Quentin					10,12
Cambray					37,30
DU CENTRE	116,8	81	3,346	305,34	
Châlons					131,34
Digoin					80,92
DE BRIARE ET DE LOING	108,2	64	2,821	155,80	
Briare					38,24
Montargis					78,76
Saint-Mamert					120,34
D'ORLÉANS	73,3	28	18,722	117,26	
Combleux-sur-la-Loire					29,86
Buges-sur-le-Loing					40,22
DU MIDI	244,1	64	4,847	189	
Toulouse					63,60
Cette					189

Chemins de fer.

Quatre chemins de fer ont été construits en France. Plusieurs autres doivent l'être prochainement.

Le premier chemin de fer exécuté en France est celui de Saint-Etienne à Andrezieux, sur la Loire. Il a 17 kilomètres de longueur, en pente descendante ; il est à une seule voie et a des tourne-hors. Les chariots, traînés par des chevaux, descendent chargés et le plus ordinairement retournent à vide. Les pentes les plus fortes sont de $\frac{1}{60}$. Le plus petit rayon des arcs de raccordement est de 100 mètres. Les rails sont en fonte.

Le second se lie au premier, à 3 kilomètres d'Andrezieux, et il en est la continuation jusqu'à Roanne. Sa longueur est de 66 kilomètres, il doit être à deux voies ; une seule est exécutée. Du point d'embranchement à Balbigny, il est en pente descendante très-faible, parcourue dans les deux sens par une machine locomotive très-forte ; de Balbigny à Roanne, il fait un grand circuit pour aller franchir, au col de Nullize, la chaîne de montagnes qui ferme la plaine du Forez ; ce col est élevé de 180^{m} au-dessus de Balbigny et de 236^{m} au-dessus de Roanne. Cette partie du chemin présente des pentes de $\frac{1}{20}$, servies en ce moment par des chevaux et qui le seront incessamment par des machines fixes. Le plus petit rayon des arcs de raccordement est de 285 mètres. Les rails sont en fer forgé, le mètre courant de chemin, fait à 2 voies, reviendra à 87 fr.

Le troisième est celui de Lyon à Saint-Etienne, par Givors et Rive-de-Gier. Entre Lyon et Verchère, près Rive-de-Gier, il est servi par des machines locomotives ; les pentes ne sont que de $\frac{1}{150}$; la distance est de 36 kilomètres. De Verchère à Saint-Etienne, sur une longueur de 23 kilomètres, le chemin a été exécuté en pente ascendante, à l'inclinaison de 0^{m},0134 par mètre, environ $\frac{1}{74}$. Les chariots traînés en ce moment par des chevaux, doivent être remorqués par des machines fixes. Pour éviter une contrepente, Saint-Etienne étant sur le versant de la Loire, on a percé à Terre-Noire, dans la montagne du bois d'Avaise, une galerie qui a 1500 mètres de longueur, et dans laquelle le chemin n'a qu'une voie. La dépense de cette galerie et la grande valeur des terrains ont élevé le prix moyen du mètre courant du chemin à 214 fr.

Le 4e chemin de fer, exécuté en France, lie Epinac au canal de Bourgogne. Sa longueur est de 28 kilomètres.

Un chemin de fer doit lier Montbrison et Montrond sur la Loire; il empruntera une partie de la largeur de la route départementale entre ces deux villes. On peut le considérer comme un embranchement du second.

ANGLETERRE, ÉCOSSE ET IRLANDE.

(Ch. Dupin, *Voyages dans la Grande-Bretagne*; Ch. Partington, *the british Cyclopaedia*, 1833.

La Grande-Bretagne a la forme d'un triangle allongé, dont la petite base est au sud, et le sommet au nord. Une grande chaîne de montagnes est parallèle au côté du couchant; une chaîne secondaire est parallèle à la base méridionale, dont elle est assez voisine; 21 canaux traversent la première chaîne, et unissent les cours opposés des rivières qui se jettent dans l'Océan Germanique, et dans la mer Atlantique ou dans la mer d'Irlande. Pour abaisser les points de partage au-dessous des cols élevés qu'il fallait franchir, et rester dans les régions où l'on peut amener les eaux en quantité suffisante, on a percé 48 souterrains, dont la longueur totale est évaluée à près de 70 kilomètres.

L'Angleterre possède quatre grands ports de commerce: sur la côte orientale, Londres, dans le bassin de la Tamise, et Hull, dans le bassin du Humber; sur la côte occidentale, Liverpool, dans le bassin de la Mersey, et Bristol, dans le bassin de la Severn. Elle possède en outre deux grandes villes manufacturières, Manchester, à 12 lieues de Liverpool, et Birmingham, dans l'intérieur, à égale distance, à 10 lieues près, des quatre grands ports de commerce. A chacune de ces six villes, aboutissent par terre et par eau plusieurs communications.

Le canal du duc de *Bridgewater*, est le premier que les Anglais ont construit, en 1758. Il commence à Pennington près Leigh, passe à Longford, où il fournit un embranchement sur Manchester, et se termine à la Mersey, à 4 lieues de Liverpool. Il est remarquable par les ouvrages d'art, au moyen desquels il est soutenu de niveau sur une longueur de 16 lieues, depuis son origine jusqu'à Runcorn, où sont plusieurs écluses qui rachètent une différence de niveau de 25 mètres, entre le canal et la Mersey.

Le canal de *Huddersfield* est un des canaux à bief de partage qui traversent la grande chaîne. Le bief de partage est souterrain sur une longueur de 4,828 mètres ; le canal commence à Manchester, et se termine à Huddersfield, sur les bords de la Calder, affluent de l'Ayre, qui se jette dans l'Ouse; l'Ouse a son embouchure dans la baie du Humber.

Le canal de *Leeds* et *Liverpool* unit les deux villes dont il porte les noms. Leeds est sur l'Ayre; ainsi ce canal, comme le précédent, établit une communication entre les deux mers, il a 52 lieues de longueur, et 1^{m},37 de profondeur.

Canaux de *Chester*, *Ellesmere*, *Shrewsbury* et *Shropshire*. Cette ligne de navigation unit la Dee et la Severn. Parmi ces canaux, celui d'Ellesmere, qui sert au commerce et à l'agriculture, est remarquable par son étendue, et par la beauté de plusieurs ouvrages d'art ; entre autres du pont Cysylte, qui est en fer. (Ch. Dupin, ouvrage cité, t. Ier, pag. 189). Les différences de niveau des biefs du canal de Shropshire, qui traverse un pays très-montueux, sont rachetées par trois plans inclinés : le premier, à $\frac{4}{8}$; le second, à $\frac{1}{14}$; le troisième à $\frac{1}{6}$. Ces plans ont, le premier 36 mètres de hauteur, le second, 38 mètres, le troisième 63 mètres. La charge des bateaux n'est que de cinq à huit tonneaux.

Canal du *Grand-Tronc*, ou de *Trent* et *Mersey*, de Preston sur le canal Bridgewater à Wilden-ferry sur la Trent, longueur 160 kilomètres. En unissant la Trent et la Mersey, le Grand-Tronc établit une communication entre Liverpool et Hull; et, avec les canaux de Fazeley, de Coventry, une courte portion du canal d'Oxford, le canal de Grande Jonction fait en 1805, les canaux de Paddington et du Régent, il forme une ligne de navigation directe, de Liverpool à Londres, qui est très-fréquentée; il a plusieurs autres branches. Sa construction a exigé trois ponts aqueducs, 258 ponts ordinaires, cinq réservoirs, et cinq galeries souterraines. Au centre, sur une longueur de 95 kilom., il est ouvert en *petite section ;* la largeur des écluses n'est que de $2^{m},30$, et les bateaux qui y naviguent ne portent que 20 tonneaux. Les deux autres parties du canal sont ouvertes en *grande section ;* la largeur des écluses est de $4^{m},60$, et les bateaux portent 40 tonneaux. Tel est le double système de navigation adopté en Angleterre. Le bief de partage est établi à 124 mètres de hauteur au-dessus de la Mersey, dans une galerie souterraine percée dans la gorge de Harecastle, et qui a 2,641 mètres de longueur, et $2^{m},74$ de large seulement.

Canal de *Stafford et Worcester*, de Stafford sur le Grand-Tronc à Stourport sur la Severn; longueur 74 kilom.

Canaux de *Fazeley, Coventry* et *Oxford*. Cette ligne de navigation a son point d'embranchement au sommet de l'angle que forme le Grand-Tronc, à 7 lieues au nord de Birmingham : elle aboutit à Oxford, sur la Tamise.

Une partie très-importante, savoir, entre Longford et Braunston, a été fort améliorée depuis 1829.

Canal de *Grande-Jonction*, de Braunston sur le canal d'Oxford à Brentford; longueur 160 kilomètres. Ce canal a deux biefs de partage : le plus élevé, établi dans la galerie souterraine de Blisworth, est alimenté par des étangs considérables, par cinq vastes réservoirs, et par une machine à vapeur qui fait remonter une partie de l'eau que dépensent les écluses.

Canal de *Paddington* et canal du *Régent*, continuation du précédent ; longueur ensemble, 36 kilomètres. Le canal du Régent a été fait en 1820. Il débouche dans la Tamise au-dessous de Londres, près des docks des Indes Orientales.

Grand canal de *Surrey*, navigable pour les bâtimens de la Tamise ; de Rotherhithe, ou des docks du commerce, à Mitcham, au sud de Londres. Longueur, 19 kilomètres.

Canal de *Croydon*, ville de marché, au précédent. Longueur, 15 kilomètres ; pente descendante, 45 mètres.

Canal de *Grande-Union*, continuation du canal de Grande-Jonction, depuis le souterrain de Branston jusqu'au canal du Grand-Tronc par différens autres canaux.

Birmingham. Cette ville donne son nom à plusieurs canaux par lesquels elle peut envoyer dans les quatre grands ports et dans plusieurs autres villes, les nombreux produits de son industrie et des mines de fer et de charbon dont elle est entourée.

Canal de *Tamise* et *Severn*, et canal de la *Stroud*. Ces deux canaux et l'Isis, branche principale de la haute Tamise, forment une ligne de navigation qui unit Oxford et un point situé sur la Severn, à neuf lieues au-dessus de Bristol.

Canal de *Kennet* et *Avon*, de Bath sur l'Avon à Reading, à l'embouchure de la Kennet dans la Tamise.

Canal de *Shorncliff* et *Rye* ou canal *Royal Militaire*, de Hyte, ancien port, à l'embouchure de la Rother : longueur 19 kilomètres. Ce canal consiste dans un bief et deux écluses de garde dans la mer. Il peut recevoir des bâtimens de 200 tonneaux. Construit à l'époque des projets de descente de Napoléon, chacune de ses extrémités est défendue par de fortes batteries.

Canal de *Forth* et *Clyde*, en Écosse. Ce canal unit Bowling-Bay sur le Clyde, et Grangemouth sur la Carron, aux bords du golfe de Forth. Le bief de partage est élevé de $47^{m},60$ au-dessus de Bowling-Bay, et de $50^{m},30$ au-dessus de Grangemouth ; il a 60 kilomètres de longueur, dont 29 dans des marais. Sa profondeur a dans ces derniers temps été portée à 2^m,745. Les bâtimens de commerce y passent. Un embranchement long de 4 1/2 kilom., de niveau avec le bief de partage, conduit de ce bief au port Dundas, faubourg de Glasgow, et met cette ville en communication avec tous les ports du golfe de Forth et de la baie de Bowling.

Le canal *Calédonien*, dans la Haute-Ecosse, unit plusieurs grands lacs et les deux mers qui baignent l'est et l'ouest de l'Ecosse. La ligne navigable a 98 kilom. de longueur, depuis le fort Inverness, à l'extrémité nord-est, jusqu'au fort William, à l'extrémité sud-ouest. La longueur des canaux est de 32 kilom.; leur profondeur est de 5^m,40 et doit être portée à 6^m,10. Les écluses ont 12^m,20 de largeur, et 52^m,46 de longueur; elle peuvent recevoir des frégates de 32 canons. Le bief de partage est élevé de 28^m,67 au-dessus de la mer; il est formé en partie par le lac Oich. Ce canal gigantesque a été livré à la navigation en 1822. Les bâtimens qui doivent passer de la mer du Nord dans l'Océan Atlantique, ou de cette dernière dans la première, n'ont plus à doubler les îles Orcades. Le mètre courant des canaux a coûté 617 francs.

Canal de *Dublin et du Shannon* en Irlande, de Dublin au Shannon, près la ville de Moy; longueur 104 kilomètres. Ce canal a cinq branches qui prises ensemble ont 52 kilomètres de longueur.

Canal *Royal Irlandais* de Dublin, dans une direction occidentale, à Tasmonbarry sur le Shannon; longueur, 52 kilomètres; ce canal est au nord du précédent. Le bief de partage est élevé de 92 mètres au-dessus de la mer.

Longueur totale des canaux, non compris ceux
qui ont moins de deux lieues...... 1,036 lieues.
— des routes à barrières (*turnpike roads*.).. 9,812

Parmi les chemins de fer qui ont été construits en Angleterre, nous ne citerons que les suivans, qui paraissent les plus remarquables.

Chemins de fer de *Merthyr-Tydvil*, dans la partie mérinale du pays de Galles. Ce sont les plus anciens : ils ont aujourd'hui un développement de 240 kilomètres. Ils sont servis par des chevaux.

Chemin de fer de *Wandsworth*, sur la rive droite de la Tamise, à Merstham, par Croydon. Longueur, 28 kilomètres.

Chemin de fer de la mine de houille de *Middleton*, près Manchester, à *Leeds* sur l'Ayre; longueur, 48 kilomètres. Les machines locomotives de ce chemin marchent sur des engrenages.

Chemin de fer de *Bolton* à *Leigh*, près Manchester.

Chemin de fer de *Liverpool à Manchester*. Ce chemin excite justement l'admiration par sa construction et par les machines à vapeur locomotives qui le parcourent, depuis le sommet du plan incliné de Liverpool jusqu'à Manchester. Le plan incliné de Liverpool, de 1800 mètres de longueur, à l'inclinaison de $\frac{1}{48}$, est servi par une machine fixe. La longueur totale du chemin est de 49476 mètres, ou 12 lieues $\frac{1}{4}$. Le temps du trajet par la diligence est d'une heure un quart, les chariots mettent deux heures ; il y passe par jour 1000 voyageurs et annuellement 80,000 tonneaux de marchandises. Le mètre courant a coûté 413 fr.

Chemin de fer de *Cromford et High Peak*. Ce chemin a 52 kilomètres de longueur et est exécuté dans le Derbyshire, contrée très-montueuse. Il unit le canal de Cromford au canal de Peak-Forest, et par conséquent à Manchester. La partie horizontale la plus élevée du chemin a une extrémité à 300 mètres au-dessus du canal de Cromford, et l'autre à 222 mètres au-dessus du canal de Peak-Forest. Il n'est pas encore achevé.

Chemin de fer de *Leicester et Swannington*, commencé depuis peu.

Chemin de fer des mines de houille de *Darlington à Stockton*, sur la Tees, à 16 kilomètres de l'embouchure de cette rivière dans la mer du Nord. Longueur de la ligne principale, 38,758 mètres.

Ce chemin a été fait en 1826. Il est un des premiers où l'on ait employé des machines locomotives marchant sans engrenages. Il a quelques pentes très-raides qui ont exigé des machines fixes.

Chemin de fer des mines de houille de *Hetton à Sunderland*, sur la Wear, près l'embouchure de cette rivière dans la mer du Nord. Longueur, 13 kilomètres.

Chemin de fer de *Carlisle à Newcastle-sur-Tyne*. Longueur, environ 90 kilomètres.

On poursuit avec activité les travaux de ce chemin, un des plus remarquables par sa position. Il traversera toute l'Angleterre, de l'ouest à l'est, parallèlement à l'ancienne muraille des Pictes.

Chemin de fer de *Newtyle à Dundee*, port d'Ecosse à l'embouchure de la Tay, dans le golfe du même nom. Longueur : 18 kilomètres. Il est terminé.

Chemin de fer de *Londres à Birmingham*. Longueur, 180 kilomètres. Il n'est pas encore commencé.

ÉTATS AUTRICHIENS.

Canal navigable de Vienerisch-Neustadt à Vienne, ouvert en petite section pour des bateaux de $2^{m}30$ de largeur, et de 1 mètre de tirant d'eau.

Canal de flottage de Schwarzenberg, dans le cercle de Budweiss, en Bohême; il débouche dans le Danube.

Canal du *Béga*, dans le Bannat de Temeswar; il commence à Fatschet, sur le Béga, et aboutit à la Theiss, vis-à-vis Tittel. Ce canal n'a pas été entretenu, et n'est, dit-on, plus navigable.

Canal de *Francois II*, en Hongrie; il commence à Monostorzeg, sur la rive gauche du Danube, qui paraît l'alimenter, et débouche dans la Theiss à Foldvar, quelques lieues au-dessus de Tittel. La différence de niveau est rachetée par cinq écluses. Ce canal est très-important; il accourcit de 60 lieues la route qu'aurait à parcourir un bateau pour se porter de Monostorszeg à Foldvar, en suivant le Danube et la Theiss.

Chemin de fer *de la Moldaw au Danube*, de Budweis à Mathausen ou à Lintz, par Kaplitz et Freystadt, longueur 114 kilomètres. La moitié de ce chemin, en Bohême, est faite; il franchit une chaîne de montagnes, élevée de 469 mètres au-dessus du Danube, et de 330 mètres au-dessus de la Moldaw. Il a été entrepris pour servir au transport du sel en Bohême. Le choix du point où il doit aboutir sur le Danube est encore incertain. Un autre chemin de fer est commencé en Bohême, entre Prague et Pilsen.

BELGIQUE.

Canal de Bruxelles à *Boom*, sur le Ruppel, affluent de l'Escaut. Ce canal établit une communication directe par eau entre Bruxelles et Anvers. Il est alimenté par la Senne, qui remplit plusieurs bassins construits au pied de la colline sur laquelle Bruxelles est bâti.

Canal de Louvain au Ruppel par Malines.

Canal de *Bruxelles à Charleroy*. Ce canal a été ouvert à la navigation en 1830, il passe à Hal, à Seneff, et entre dans la Sambre à 1000 mètres environ au-dessus de Charleroy. Voici quelques données sur sa construction.

	Longueur.	Différence de niveau.	Ecluses.
Bief de partage.	10,675 m		
Branche du côté de Bruxelles	49,267	107m,75	44
— du côté de Charleroy.	14,587	22	22
Longueur totale. . . .	74,529		

La largeur du canal au plafond est de 6 mètres; sa profondeur est de 2m,80 dont 2 mètres de mouillage. Le bief de partage est établi, non loin de Seneff, dans un souterrain qui a 1280 mètres de longueur; il est alimenté par le Piéton. Des bateaux du port de 65 à 70 tonneaux ont été construits pour la navigation spéciale du canal.

La Sambre est canalisée sur toute l'étendue de son cours en Belgique.

Canal de *Peruwetz* ou de *Mons à Antoing* sur l'Escaut. Ce canal, qui est d'un grand produit, aboutissait autrefois à Condé, place française. Depuis 1826, il est ouvert entièrement sur le territoire belge. Le bief de partage de la nouvelle branche du canal est alimenté par des machines à vapeur.

Canal de Gand à Neuzen, par Sas de Gand, composé de deux parties, dont une sur le territoire hollandais.

Canal de *Gand à Bruges*, de *Bruges à Ostende*, pour de grands bâtimens.

Canal d'*Ypres à Furnes*, composé de deux petits canaux.

Canal de *Dunkerque à Furnes*, de *Furnes à Nieuport*, et de *Nieuport à Ostende*.

DANEMARCK.

Canal de *Lauenbourg à Lubeck*, sur la Trave ou de l'Elbe à la mer Baltique, la Trave se jetant dans cette mer. La construction de ce canal remonte à l'époque où Lubeck était à la tête de la ligue Anséatique, en 1390. Il a 97 kilomètres $\frac{1}{2}$ de longueur, dont la plus grande partie dans le lit de la Stecknitz. Sa profondeur n'est que de $1^{m},20$. Le bief de partage appelé fossé de Delvenau est élevé de 18 mètres au-dessus de Lubeck, et de 15 mètres au-dessus de Lauenbourg. Pendant longtemps les écluses ont consisté en passe-lis.

Grand canal du *Holstein*, ou canal de Schlesswig-Holstein, canal de Kiel. Ce canal commencé en 1778 et achevé en 1785, a été construit pour unir par la voie la plus courte la mer du Nord à la mer Baltique, et épargner aux bâtimens, qui doivent passer de l'une dans l'autre, la navigation longue et périlleuse du Cattegat et le passage du Sund ou des Belts. Le développement de la ligne navigable est de 112 kilomètres depuis Tonningen, à l'embouchure de l'Eider dans la mer du Nord, jusqu'à Haltenau dans le golfe de Kiel. Cette ligne est formée par l'Eider jusqu'à Rendsburg, place forte, et par le canal proprement dit de Rendsburg à Haltenau qui est un fort. Le canal a 43 kilomètres de longueur, $15^m,45$ de largeur au plafond, et $3^m,30$ de profondeur d'eau. Le bief de partage, alimenté par le lac Flemhüder, est à peu près également élevé de 8 mètres, au-dessus des deux extrémités du canal; il y a 3 écluses de chaque côté. Les navires qui prennent des chevaux de halage sur la rive septentrionale du canal sont conduits avec une vitesse de $7^k,5$ à l'heure.

ESPAGNE.

Parmi les canaux d'irrigation, dont le nombre est considérable en Espagne, les deux suivans ont été ouverts en grande section, et remplissent un double objet.

Le canal d'Aragon, nom de la province dans laquelle il est situé, prend les eaux de l'Èbre, sur la rive droite de ce fleuve, à un endroit appelé *Bocal*, à cinq quarts de lieue de Tudela, en Navarre. Sa profondeur est de 3 mètres; sa largeur au niveau de l'eau de 12 mètres; sa longueur de 155 kilomètres, depuis le Bocal jusqu'au mont Torrèro, à un quart de lieue de Saragosse; il offre à peu près le même développement depuis le mont Torrèro jusqu'à son embouchure dans l'Ebre, mais cette partie n'est pas achevée. Une écluse à sas sert à faire passer les bateaux du canal dans l'Ebre, et réciproquement. Deux autres écluses sont construites un peu au-dessus du mont Torrèro. Près d'Alagon, le canal franchit le Xalon, sur un pont remarquable par son élévation et par sa longueur, qui est de 1400 mètres. Depuis le Bocal jusqu'à la première écluse du mont Torrèro, il ne présente qu'un seul bief, dans lequel les eaux ont un courant assez rapide, et une pente d'un sur dix mille. La plaine vaste et fertile où l'Ebre coule sur une pente beaucoup plus forte, est dominée par le canal. De distance en distance, sont des prises d'eau pour l'irrigation des terres. Il y a des magasins au Bocal et au mont Torréro, deux diligences, et trois grands bateaux sur le canal. Le transport des marchandises revient à 0f,35 par tonneau et par distance de 5 kilomètres. La route de Tudela à Saragosse par Mallen et Alagon étant très-mauvaise, on doit toujours donner la préférence au canal.

Le canal de *Castille* commence dans la province de Burgos, à Alar del Rey, vers le 42° 51' de latitude; il suit la rive gauche de la Pisuerga, qui l'alimente; traverse cette rivière dans le royaume de Léon, près de Herrera; se dirige ensuite vers le S. S. O.; franchit la *Cieza*; atteint le Carrion, près de Calahorra, le croise, et se termine dans cette rivière, un peu au-dessous de Palencia. Avant Palencia, il se joint au canal de *Campos*, qui se dirige vers l'O., et aboutit à Paredes. Ces deux canaux ne sont pas achevés et ne sont navigables que par parties, sur une étendue de 20 lieues.

HOLLANDE.

Canal de *Maestricht à Bois-le-Duc*. La communication entre ces deux villes par la Meuse fait un long circuit. Le canal établit une communication directe, qui est principalement fréquentée par les bateaux qui remontent la Meuse. On a utilisé pour sa construction la rigole de prise d'eau de la première branche du canal du Nord, commencé en 1807 pour joindre Anvers à Neuss sur le Rhin. On a prolongé cette rigole au sud jusqu'à Maestricht, et au nord on lui a fait prendre une direction plus courte sur Veert, pour suivre ensuite la vallée de l'Aa par deux alignemens, l'un vers Helmont, l'autre d'Helmont sur Bois-le-Duc, d'où la navigation est ouverte avec les bouches de la Meuse. La largeur du canal au plafond est de 10 mètres, sa longueur de 115 à 120 kilomètres; il est à bief de partage, 14 écluses rachètent les différences de niveau des biefs. Les bajoyers des sas sont revêtus en fascines.

Canal de *Terneuse*, de Sas de Gand à Neuzen sur l'Escaut occidental. Ce canal a été ouvert il y a peu d'années, en très grande section, pour servir au dessèchement et à la navigation.

Le *Rhin* se partage en plusieurs bras, le Wahal, le Bas-Rhin, l'Yssel, le Leck, le Rhin tortu et le vieux Rhin.

Le *Wahal* est le bras principal et le seul constamment navigable; il se sépare du Rhin entre Emmerich et Nimègue et se joint à la Meuse, à Gorcum. La Meuse se divise en deux bras au-dessus de Dordrecht; le plus considérable a son embouchure dans la mer à Helvoetsluis, après avoir traversé le Biesboch, le Hollands-Diep et le Haring-Vliet; celle du plus petit est à Brielle. Le Wahal et la Meuse jusqu'à Helvoetsluis forment la voie fluviale dont la libre navigation a fait l'objet des débats entre la Hollande et l'Allemagne.

Le second bras du Rhin porte le nom de *Bas-Rhin* jusqu'à Wik de Duerstede, où il prend celui de *Leck*, sous lequel il est plus généralement connu. Le Leck passe entre Vianen et Vreeswik, passe devant Schoonhoven et se jette dans la Meuse appelée ici Merwe, à Krimpen. Il s'ensable et n'est pas toujours navigable.

L'Yssel se sépare du *Bas-Rhin* au-dessus d'Arnhem et se dirige au nord vers la côte orientale du Zuiderzée qui reçoit ses eaux. Suivant l'histoire, le lit de L'Yssel a été creusé par Drusus, père de Germanicus. Il a aujourd'hui peu d'eau.

L'Yssel hollandaise est une dérivation du Leck qui se jette dans la Meuse à Ysselmonde, au-dessus de Rotterdam.

Le Rhin tortu et le vieux Rhin forment le bras qui conserve le nom du fleuve jusqu'à la mer. Ce bras se sépare du Leck à Wyk, passe à Utrecht, à Leyde, et se perd dans la mer à Kattwyk, il est ensablé.

Communication de *Gorcum à Amsterdam* par Vianen, Utrecht, Nieuwersluis et Wesep. Cette communication importante est formée, 1° par le canal de Zeerick, de Gorcum à Vianen; 2° par une dérivation du Leck appelé Vaartsen-Rhin, de Vreeswyk à Utrecht; 3° par le Vecht et le canal du Vecht à l'Amstel.

Communication appelée *Treck-Vaart* de Rotterdam à Amsterdam, par Delft, Leyde et Harlem.

Nous passons sous silence plusieurs autres canaux qui portent ce nom.

Canal maritime de la *Nord-Hollande*. Longueur : 78 kilom. Ce canal, fait récemment et ouvert en très grande section, unit le Helder, entrée du Texel, au port d'Amsterdam; en sorte que les bâtimens destinés pour la capitale de la Hollande n'ont plus à traverser le Zuiderzée, ni à franchir le Pampus, barre qui sépare le Zuiderzée de l'Ye, port d'Amsterdam. Remorqués par des navires à vapeur, ils font en deux jours un trajet qui autrefois, par le Zuiderzée, en exigeait quinze.

Canal de *Harlinghen à Delfzil*, par Leuwarden, Dokkum et Groningue, dans la Frise.

La surface de l'eau dans la plupart des canaux de la Hollande est plus élevée que les campagnes environnantes, et a une pente vers la mer; ils servent au dessechement des terres. Des machines diverses y élèvent les eaux; la communication avec la mer a lieu au moyen de fortes écluses de garde.

ITALIE (1).

Navigation du Pô.

Le Pô est navigable presqu'en tout temps et pour toute espèce de barques; il cesse de l'être au-dessus de Crémone dans les grandes sécheresses, et quand une crue excessive exposerait les barques à des dangers. La navigation n'a pas lieu de nuit, s'il n'y a pas de clair de lune, de crainte d'accidens à la rencontre des îles ou des moulins flottans qui sont en plusieurs

(1) Dépôt de la guerre du royaume d'Italie, carte publiée à Milan en 1808 et 1810. Bruschetti, *Histoire de la navigation intérieure du Milanais*, Milan, 182. Seconde édition.

endroits. Enfin il se forme, sur le Pô, à quelques époques, un brouillard épais, au point qu'on ne voit pas à un mètre devant soi, ce qui est aussi un obstacle à la navigation.

Le Pô inférieur se divise en deux bras, le Pô di Maestra qui est le plus considérable et le Pô di Goro qui est le plus navigable. Le Pô di Maestra fournit encore le Pô di Levante.

Canaux situés au sud du Pô.

1. *Canal Tassoni,* commence à Mancasale, à 3,600 mètres au Nord de Reggio, et débouche dans le Pô au-dessus de Guastalla.

2. *Canal de Modène,* alimenté par la Secchia et par des fontaines jaillissantes, espèces de puits artésiens. Il a son origine dans Modène, mais le bassin servant de port est hors de la ville. Il porte ses eaux dans le Panaro, à Buonporto, où cette rivière, affluent du Pô, commence à être navigable.

3. *Canal Panfiglio,* de Ferrare à Porto di Lago-Scuro sur la rive droite du Pô. Ce canal ne porte que de petites barques. Plusieurs communications aboutissent à Porto di Lago-Scuro.

4. *Canal appelé Pô de Volano,* ancien bras du Pô, qui reçoit à Ferrare quelques cours d'eau et va à la mer.

5. *Canalino di Cento* et *Pô* ou *Pôatello de Ferrare.* Des sources donnent naissance, près du fort Urbain, au canalino di Cento, qui prend le nom de Pô de Ferrare, à l'ouest de cette ville, avec laquelle il communique. Uni au Réno, au sud-est de Ferrare, il forme le Pô de Primaro, cours d'eau peu navigable.

6. *Naviglio de Bologne* (1), canal navigable, dérivé du Réno à Casalecchio. Il commence à Bologne et rentre dans le Réno au-dessous de Malalbergo. Son étendue est de 33 kilomètres, et sa pente d'environ 22 mètres. Il a huit écluses.

Au moyen des deux canaux précédens, une petite communication par eau est établie entre Ferrare et Bologne.

(1) On donne aussi le nom de *naviglio*, en Lombardie, aux grands canaux qui servent à l'irrigation des terres.

7. *Canal Zanelli* ou de Faenza, petit canal, dérivé du Lamone au-dessus de Faenza et qui porte ses eaux dans le Pô de Primaro.

8. Canal de Pise à Livourne, dérivé de l'Arno.

9. Canal de Grosseto à Castiglione, dérivé de l'Ombrone dans la Maremme de Toscane.

Canaux situés au nord du Pô.

10. *Naviglio Grande*, canal de navigation et d'irrigation dérivé du Tésin et qui porte ses eaux dans les fossés de Milan; construit dans le 13e siècle.

11. *Canal de la Martesana*, canal de navigation et d'irrigation dérivé de l'Adda et qui porte ses eaux dans le canal intérieur de Milan ; construit en 1460.

12. *Canal intérieur de Milan* qui unit les deux précédens en passant par l'est de la ville ; construit en 1497, après l'invention des écluses à sas :

13. *Canal de Paderno*, à 9 kilomètres au-dessus de Trezzo, sur l'Adda.

La prise d'eau du Naviglio Grande est à Tornavento, sur la rive gauche du Tésin, au-dessous d'un rapide très-prononcé qui n'empêche pas cependant que le Tésin soit encore navigable jusqu'au lac Majeur. Elle a environ 40 mètres de longueur. Il y a dans le Tésin une digue qui laisse un passage appelé la *Bocca-de-Pavie*, pour les barques qui descendent jusqu'à cette ville. Le canal s'éloigne peu du Tésin jusqu'à Castelleto, à un kilomètre à l'est d'Abbiategrasso, où il fait un angle très-ouvert pour se diriger vers Milan. Il débouche dans le fossé extérieur de la ville, transformé en bassin, près de la porte du Tésin. Sa longueur depuis Tornavento jusqu'à ce point est de 50,000 mètres, et sa pente sur cette étendue est de $33^{m},42$. Sa profondeur est de $1^{m},50$ et sa largeur de 15 mètres.

A 200 mètres du bassin, dans la ville, est l'écluse de Viarenna, que les bateaux doivent franchir pour entrer dans le canal intérieur qui est plus élevé que le bassin.

Le canal de la Martesana, nom de la province qu'il traverse, prend les eaux de l'Adda, un peu au-dessus de l'ancien château de Trezzo, au moyen d'une digue qui laisse également un passage de 10 mètres, ouvert à la navigation. L'Adda n'a en cet endroit que 90 mètres de largeur. Des murs épais, de plusieurs mètres de hauteur, soutiennent le canal sur la rive droite de cette rivière, jusqu'à un point pris à un kilomètre au nord de Cassano, où il fait un angle pour se diriger à l'ouest vers Milan. Il franchit sur un pont la Molgora, est traversé par le Lambro, et entre dans Milan, entre la porte Neuve et la porte de Côme. Sur sa rive gauche, dans le fossé extérieur de la ville, est un déversoir. Sa longueur depuis le château de Trezzo jusqu'à l'écluse de la *Casina-Dei-Pomi*, qui est la première, est de 36,480 mètres, et sa pente, sur cette étendue est de 15m,44. De l'écluse précédente à l'écluse Saint-Marc, dans Milan, la distance est de 3,230 mètres, et la différence de niveau de 5m,15. Il y a une écluse intermédiaire.

Le canal intérieur a 4,200 mètres de développement, de l'écluse Saint-Marc à l'écluse du faubourg de Viarenna. La différence de niveau est de 4m,41, à quoi il faut ajouter 1m49, hauteur de chute de l'écluse de Viarenna. Ce canal est interrompu, sur une petite partie de sa longueur, près de l'ancien château de Milan, aujourd'hui détruit.

Le canal de Paderno sort de l'Adda près de Paderno et y rentre au-dessous de Rocchetta. Sa longueur n'est que de 2,571 mètres, tandis que la différence de niveau de ses deux points extrêmes est de 27m,66. Elle est rachetée par six écluses dont les chutes sont considérables. Ce canal est un des plus remarquables de l'Italie. Les premiers fonds pour sa construction ont été faits en 1516 par François Ier. Il n'a été exécuté avec succès qu'en 1777.

Au moyen des canaux précédens, du Tésin et de l'Adda, des matériaux de construction et les produits divers des bords du lac Majeur et du lac de Côme sont envoyés par eau à peu de frais jusqu'à Milan. Ils y sont apportés par des barques grossièrement faites et très-aplaties, qui tirent 80 cent. d'eau et qui portent 14 à 30 tonneaux. Elles retournent à vide ou peu chargées. La navigation tant de l'Adda que du Tésin est très-difficile, même en descendant. L'Adda n'est bien navigable qu'à partir de Lodi, dans l'été. Le Tésin est si rapide que les barques ne mettent qu'une demi-journée ou au plus une journée de Sesto Calende jusqu'au Pô. Le retour exige dix à quinze jours, quelquefois trente.

Le lac Majeur est élevé de 195 mètres au-dessus de l'Océan; le lac de Côme de 198 mètres; le bassin du Naviglio Grande de 117 mètres.

14. *Canal de Bereguardo*. Ce canal est le prolongement de la dérivation du Tésin en petite section, depuis Abbiategrasso jusqu'à Bereguardo, qui n'est qu'à 3,200 mètres du Pô. Sa longueur est de 18 kilomètres, sa pente qui est de 26^{m}22, est rachetée par 12 écluses.

15. *Canal de Pavie*. Ce canal, décrété par Napoléon en 1805, était trés-avancé en 1814. Il a été continué par le gouvernement autrichien et ouvert à la navigation en 1819. Il prend son origine dans le bassin du Naviglio Grande, à la porte du Tésin, passe à Binasco, contourne les murs de Pavie à l'est, et se jette dans le Pô. Sa longueur est de 33,370 mètres, sa profondeur d'eau de 1^{m},19; le tirant d'eau des barques en usage sur les canaux du Milanais n'est que de 60 centimètres, 80 centimètres au plus. Sa largeur au fond est de 10^{m},70. Les deux derniers biefs ont 28 mètres de largeur et forment des bassins dans lesquels peuvent entrer les barques du Pô. Une écluse double les sépare, qui est aussi plus large que les autres. La différence de niveau des points extrêmes du canal est de 56^{m},70 dont 4^{m},50 appartiennent à la pente des biefs, et 52^{m},20 composent la hauteur de chute totale des écluses qui sont au nombre de 14. Les ouvrages d'art qu'a nécessités ce canal en ont élevé le prix du mètre courant à 221 francs.

Rivières.

Oglio, est navigable à partir de Pontevico pendant cinq mois de l'année, janvier, février, mai, juin et juillet. Cette rivière est appauvrie par les nombreux canaux d'irrigation qu'elle alimente.

Mincio, est navigable en tout temps à partir de Mantoue. Sa pente, depuis cette place jusqu'à son embouchure dans le Pô, au-dessous de Governolo, n'est que de $1^{m},20$.

Tartaro, est navigable, après avoir reçu le canal de Castagnaro.

Adige, est navigable en Italie en tout temps; est sujet à des crues considérables, dont partie est portée dans le Pô par les canaux de la Polésine de Rovigo.

Bacchiglione et Brenta, alimentent des canaux dont il sera parlé, et ont une embouchure commune dans la mer, à Brondolo, près de celle de l'Adige.

Suite des canaux.

16. *Canal Bussé*, prend son origine dans des marais, près de Roverchiara, sur la rive droite de l'Adige, passe à la queue des glacis de Legnago, et porte ses eaux dans le Tartaro. Il manque souvent d'eau, et est de peu d'importance.

17. *Fossetta*, petit canal qui unit le Tartaro au Pô, à Ostiglia.

18. *Canal de Castagnaro, canal Bianco et Pô di Levante.* Ces trois canaux n'en font qu'un, à proprement parler. Le premier sort de l'Adige, près de Castagnaro, par des écluses que l'on a soin d'ouvrir, lorsque les crues de l'Adige l'exigent. Il se jette dans le Tartaro qui, après cette jonction, prend le nom de canal Bianco. Ce dernier coule de l'ouest à l'est, assez directement, entre l'Adige et le Pô. Il reçoit l'Adigetto près de Retinella, et achève son cours jusqu'à la mer, sous le nom de Pô di Levante.

19. *Adigetto*, sort de l'Adige à Badia, passe à Lendinara, traverse Rovigo, et se jette dans le canal Blanc, au-dessus de Retinella. Ce canal fait beaucoup de sinuosités, sert peu à la navigation. Il reçoit, dans les temps de pluie, les eaux pluviales, on le met à sec pour cet objet.

20. *Canal* dit *la Scortica*, dérivé de l'Adigetto, à Villanova, et débouche dans le canal Blanc.

21. *Canal* dit *la Polesella*, unit le canal Blanc au Pô, à Polesella.

Ces deux canaux sont des coupures qui servent à l'évacuation des eaux de l'Adige, et en même temps à la navigation. Il y a des écluses à Polesella que l'on ouvre quand le Pô est bas.

En 1797, la ligne de démarcation de la frontière de la république cisalpine était, entre l'Adige et le Pô, la rive gauche du canal Castagnaro, du canal Blanc, de la Polesella et du Pô di Maestra.

22, 23, 24. *Canal* dit *Cavanella du Pô, canal de Loreo* et *canal di Valle.* Cette ligne de navigation est très-importante et très-fréquentée, parce qu'elle unit le port de Brondolo sur la Brenta, dans les lagunes de Venise, avec l'Adige et le Pô. La Cavanella du Pô est un canal de peu d'étendue qui est dérivé du Pô di Maestra, au lieu dit Cavanella, et qui avec le canal Blanc auquel il se joint forme le Pô de Levante. Cette branche du Pô communique avec l'Adige par le canal de Loreo, et l'Adige communique avec la Brenta par le canal de Valle ou la Cavanella d'Adige, ainsi appelée du lieu dit Cavanella sur la rive gauche de l'Adige. Il y a quatre sas sur cette ligne, le premier à la Cavanella du Pô, le second sur le canal de Loreo, le troisième à la Cavanella d'Adige, et le quatrième à Brondolo pour passer dans les lagunes. Les différences de niveau de ces sas sont très-petites.

Les canaux que l'on suit, pour aller de Brondolo à Venise, sont le canal Lombardo jusqu'à Chioggia, puis les canaux de Caraman, de Palestrina, de San Petro, de Malamocco, de San Spirito.

25. *Canal Corzone,* fait suite à la Fratta, coule de l'ouest à l'est, latéralement à la rive gauche de l'Adige, jusqu'à un point près de Cavarzere, d'où il se dirige au nord-est vers Brondolo, et conflue avec la Brenta.

26. *Canal Monselice* ou *de Battaglia.* Ce canal alimenté par le Frassene, commence à Este, passe à Monselice, à Battaglia, et se termine à Padoue dans le Bacchiglione. Il est très navigable.

27. *Canal Bizatto*, dérivé du Bacchiglione, à Lungara, 6 kilomètres au-dessus de Vicence, est dirigé du nord au sud, et débouche dans le Frassene, à 2 kilomètres à l'ouest d'Este. Il ne commence guère à être navigable qu'à Vo.

Les monts Euganéens sont situés entre les deux canaux précédens.

28. *Canal Sainte-Catherine*, sort du Frassene près du point où le Bizatto y entre, alimente le Gorzone, et se termine à Rotta Sabadina sur la rive gauche de l'Adige.

29. *Canal de Cagnola*, sort du canal de Monselice au nord de Battaglia, passe à Cagnola, et se termine à Bovolenta dans le Bacchiglione. Il porte de grosses barques.

30. *Canal Brentella*, bras de la Brenta, qui s'en sépare à Limena et se jette dans le Bacchiglione un peu au-dessus de Padoue.

31. *Canal Piovego, canal de la Brenta* et *canal de Fusine*; cette communication conduit directement de Padoue à Venise, par Stra, Dolo, Mira, Moranzano à l'entrée des Lagunes et Fusine dans les Lagunes. Le canal Piovego est alimenté à Padoue par le Bacchiglione et débouche dans la Brenta à Stra. La Brenta est canalisée jusqu'à Moranzano, où elle prend le nom de canal de Fusine. Il y a des sas à Dolo, à Mira et à Moranzano.

32. *Brenta novissima*, canal navigable, dérivé de la Brenta à Mira; ceint les Lagunes à l'Ouest, et conflue avec la Brenta Nova, à Brondolo. Les communications intermédiaires de ce canal avec les Lagunes sont à Lugo, à Lova et à Conche.

33. *Canal de Mestre* et *canal de San Secundo*. Ces canaux forment la communication la plus courte de Venise avec la Terre-Ferme. Mestre est le nœud de plusieurs routes qui conduisent directement à Venise. Le canal de Mestre est alimenté par le Marzenego. Malghera, sur cette communication, à l'entrée dans les Lagunes, est un point fortifié important.

34. *Canal Siorvello*, dérivé du Sile, à Portesina et conduit à Burano dans les Lagunes.

35. *Canal Zuccarina* et *canal Pordelio*, communication littorale qui part de Cortelazzo, à l'embouchure de la Piave et conduit au port Delli Tre Porti. Elle pourrait être prolongée toujours par le littoral jusqu'à Marano, à 20 kilomètres au sud de Palmanova.

PRUSSE.

La Prusse est un des états de l'Europe les plus favorisés par le cours des rivières, et un de ceux où les canaux sont le plus faciles à ouvrir. Elle est traversée par quatre grands fleuves : la Vistule, l'Oder, l'Elbe et le Rhin ; elle est maîtresse de l'embouchure des deux premiers, dans la Baltique ; l'embouchure des deux autres, dans la Mer du Nord, est hors de son territoire ; ces fleuves ont des affluens navigables : l'Oder reçoit, à Custrin, la Wartha grossie de la Netz, qui est navigable ; l'Elbe reçoit le Havel grossi de la Sprée, rivière également navigable. On compte dix-neuf canaux, en Prusse, mais plusieurs ne servent qu'au flottage. Voici les principaux canaux de navigation :

Le canal de *Bromberg* joint la Netze à la Brahé, affluent de la Vistule ; il a 26 kilomètres de longueur depuis Nakel sur la Netze, jusqu'à Bromberg sur la Brahé. Le bief de partage est alimenté par des étangs et par un long canal de dérivation, tiré d'un point élevé sur la Netze, et appelé *Speise canal*. Sa longueur est de 16,000 mètres. Il est élevé de 5 mètres au-dessus de Nakel, et de 24 mètres au-dessus de Bromberg. Les écluses, au nombre de dix, deux d'un côté et huit de l'autre, ont d'abord été construites en bois. La partie du canal située sur le versant de la Netze, a été exécutée dans des terrains tourbeux ou sablonneux, et par conséquent les plus difficiles qu'on pût rencontrer.

Le canal de *Muhlrose* joint l'Oder à la Sprée. Sa longueur depuis Neuhaus sur cette rivière jusqu'au point où il s'embranche sur l'Oder au-dessus de Francfort, est de 38 kilomètres. Le bief de partage est très-peu élevé au-dessus de la Sprée.

Le canal de la *Finow* joint l'Oder au Havel. Il est regardé comme plus important que le précédent, son point de jonction avec l'Oder étant moins éloigné de l'embouchure de ce fleuve. Sa longueur est de 43 kilomètres depuis Oderberg jusqu'au Havel. Le bief de partage, à Liebenwalde, n'est élevé que de 2m,50 au-dessus du Havel. Il est élevé de 36 mètres au-dessus de l'Oder. Cette différence de niveau est rachetée par dix-neuf écluses, parmi lesquelles quinze ont été construites dans la Finow, qui sert de canal jusqu'à son embouchure dans l'Oder.

Le grand et le petit fossé de *Frédéric* sont deux canaux importans, de peu d'étendue, qui unissent la Deime et la Gilge; la Deime, dérivation de la Pregel, de Tapiau à Labiau; la Gilge, dérivation du Memel ou Niémen, au-dessus de Tilsit.

Le canal de *Plauen* à l'Elbe est alimenté par le Havel, rivière sur laquelle il s'embranche près de Plauen.

Le canal de *Munster* est un petit canal de 10 lieues de longueur, qui a peu de profondeur, et qui se termine à Maxhafen, sur le Vecht, affluent de la rive orientale du Zuiderzée.

Canalisation de la *Lippe*. Cette rivière est aujourd'hui navigable depuis Wesel jusqu'à Lippstadt au moyen de 12 écluses qui ont été faites dans son lit.

La fosse *Eugénienne*, est l'ancien canal de la Meuse au Rhin, de Venloo à Rhinberg, qui n'a jamais été achevé.

Le canal de la *Meuse au Rhin*, de Venloo à Neuss, a été commencé par la France en 1807, en même temps que le grand canal du Nord, dont il faisait partie. Il était très-avancé, lorsqu'en 1811 on a cessé d'y travailler.

RUSSIE.

(Journal russe des voies de communication.)

Les grandes voies navigables portent en Russie le nom de systèmes. Elles se composent de rivières, de canaux et de lacs. Les canaux en général ont peu d'étendue et unissent les rivières aux lacs ou les lacs entre eux. Ceux-ci sont les biefs de partage naturels des canaux.

Système de Vichnei-Volotchok et *canal de Ladoga.* Cette ligne de navigation commence à Twer sur le Volga. Elle est formée par la Twertsa, le bief de partage de Vichnei-Volotchok, la Tsna, la Msta, le Volkhof et le canal de Ladoga qui unit le Volkhof à la Néva. Le bief de partage est alimenté par plusieurs lacs et par le vaste réservoir de Zavods. La navigation consomme une quantité d'eau considérable, qui est versée dans la Msta et dans la Twertsa, et sans laquelle ces rivières ne seraient pas navigables. Ce système ne ressemble en rien aux systèmes de navigation d'Europe, par sa grandeur et par la manœuvre des eaux au point de partage. La Msta et le Volkhof ont des cataractes dont le passage est très-difficile. Les barques ne retournent pas au Volga.

Le canal de Ladoga longe la rive méridionale du lac de ce nom, sur une étendue de 111 kilomètres depuis Nova-Ladoga jusqu'à Schlüsselbourg. Sa profondeur varie de 1 m. à 2m,1. La navigation du lac est lente et périlleuse ; celle du canal est sûre. Le canal de Ladoga se lie aux deux systèmes suivans. Il y passe annuellement environ 14,000 barques et 8,000 radeaux. Il communique avec la Néva par quatre sas.

Canal de la Siasse et *système de Tikhvine.* Le canal de la Siasse est le prolongement du canal de Ladoga depuis la rive droite du Volkhof jusqu'à la rive gauche de la Siasse. Le système de Tikhvine a l'avantage d'être navigable dans les deux sens. Il se compose de la Tikhvinka, du canal de Tikhvine qui a 187 kilomètres de longueur, de la Somina, du lac de Vogenskoié, d'un affluent de la Mologa, et de la Mologa qui a son embouchure dans le Volga, à 30 myriamètres au-dessous de Twer.

Système de Marie et *canal de la Svire.* Le système de Marie est, comme le précédent, navigable dans les deux sens. Il a 838 kilomètres d'étendue depuis Rybinsk sur le

Volga, à 4 myriamètres au-dessous de Mologa, jusqu'à Ladeynopol, où commence le canal de Svire qui unit cette rivière au Volkhof. Il comprend la Cheksna, le lac Blanc, la Kovja, le canal de Marie, la Vouitegra, le canal d'Onega, le lac Onega, et enfin la Svire. Le canal de la Svire unit cette rivière à la Siasse.

Canal de Kirilof ou du duc de Wurtemberg, sous le parallèle de 59 degrés 1/2. On donne ce nom à un système de lacs et de petits canaux qui unissent la Cheksna, affluent du Volga, au lac Koubenskoye, d'où sort la Soukhona, affluent de la Dvina septentrionale. Cette dernière est navigable dans tout son cours, et a son embouchure dans la mer Blanche, à Arcangel.

Canal de Catherine du Nord, remplacé par le précédent.

Canal de Bérézinsk. Ce canal unit la Bérézina, affluent du Dniépre, à l'Oulla, affluent de la Dvina occidentale. Le lac Plava et le lac Ossetich forment le bief de partage. Le système a 184 kilomètres d'étendue depuis Borisof jusqu'à Démidovitch sur l'Oulla. Il y passe beaucoup de radeaux de bois de construction pour Riga.

Canal d'Oguinski. Un canal unit la Jatzolda, affluent du Pripet, au lac de Vigonof; un autre canal unit ce lac à la Tchara, affluent du Niémen. Ce dernier a son embouchure en Prusse, dans le Curischehaff; mais au moyen du canal suivant, le Niémen est uni à un port russe. Une grande quantité de bois de construction et de marchandises est exportée par le système d'Oguinski, qui en outre facilite les transports militaires de la Russie sur sa frontière de Prusse.

Canal de Windaw. Ce canal joint la Doubissa, affluent du Niémen, à la Windava. Il n'aura que 20 kilomètres de longueur; mais la navigation des rivières, Doubissa et Windava, exige des travaux. Le développement de cette communication, à laquelle le port de Windaw, où elle aboutit, donne la plus grande importance, sera de 366 kilomètres. Elle doit être achevée en 1832.

Jonction du Niémen et de la Vistule, commencée en 1825, par le Boug, la Nareva, le Bobre, la Néta, différens lacs et canaux et un affluent du Niémen.

Canal de jonction du *Volga et de la Moskva*, au-dessus de Moscou. Ce canal, qui doit être achevé, unit l'Istra, affluent de la Moskva, à la Sestra, qui se jette dans la Doubna, affluent du Volga. Le bief de partage, formé au moyen d'un barrage dans le lit de la Sestra, est élevé de 70 mètres au-dessus de la Moskva, et de 70 mètres au-dessus du Volga. La distance par eau de Moscou au Volga sera de 274 kilomètres.

SUÈDE.

Le canal de Gotha, ouvert à la navigation en 1832, après vingt-deux ans de travaux, établit une communication par l'intérieur de la Suède entre la mer Baltique et la partie de la mer du Nord qu'on appelle Cattegat. Il évite aux bâtimens le circuit par le Sund ou les Belts. La ligne de navigation qu'ils ont à parcourir est de 188 kilomètres, dont 100 sur des lacs et 88 sur des canaux qui ont $12^{m},76$ de largeur au plafond et $2^{m},97$ de profondeur. La dépense a été de 59,346,700 francs, ce qui porte à 674 francs le mètre courant des canaux. Pour rester maître de fermer la communication entre les canaux des deux versans, le gouvernement a fait construire dans une position centrale, sur le rivage occidental du lac Wetter, la forteresse de Wanas. A l'aide de bâtimens à vapeur sur les lacs, le passage dans la mer Baltique se fait en 8 jours. Les détails suivans compléteront cet exposé.

Le Gotha-Elf et un canal latéral à ce fleuve, joignent la mer du Nord au lac Wener, élevé de $43^{m},10$ au-dessus de cette mer. Le canal latéral tourne les cascades de *Trothette*, que franchit le Gotha-Elf à peu de distance du point où il sort du lac Wener. La pente, qui en cet endroit est de 34 mètres sur une longueur de 2,100 mètres, est rachetée par sept écluses de $9^m,67$ de large, et de 60 mètres de long.

Un canal, long de 35,860 mètres, unit le lac Wener au lac Wiken, plus élevé de $48^m,40$. Il s'embranche sur la rive orientale du lac Wener, près de Siotorp, au nord-est de Mariestad, se dirige au sud-sud-est, et aboutit au lac Wiken, près de Tatorp. La différence de niveau est rachetée par dix-neuf écluses, dont la dernière est située à Haistorp.

Le bief de partage se compose du canal précédent, depuis Haistorp jusqu'à Tatorp; du lac Wiken, qui reçoit les eaux d'autres lacs; d'un canal de 487 mètres de long, qui joint le lac Wiken au Billströmen; du Billströmen, et enfin d'un canal de 1,160 mètres de long, qui joint le Billströmen au lac Botten. Sa longueur, depuis l'écluse de Haistorp jusqu'à celle de Forswik, la première des écluses situées sur le versant de la Baltique, est de 39,727 mètres; savoir : 19,664 comptés sur le lac Wiken, 486 sur le Billströmen, et le reste sur les canaux. Son élévation au-dessus de la mer est de $91^m,50$.

Il y a trente-quatre écluses et cinq canaux plus ou moins longs sur le versant de la Baltique.

La hauteur de chute de l'écluse de Forswik est de $3^m,25$.

Le premier canal a 450 mètres de longueur, et unit les lacs Botten et Wetter, qui sont de niveau. La navigation, de l'ouest à l'est, sera de 7,124 mètres sur le lac Botten, et de 32,000 mètres sur le lac Wetter.

Le second canal, situé au nord de la rivière Motala, qui sort du lac Wetter et se jette dans la Baltique, unit le lac Wetter au lac Boren : il a 4,067 mètres de long. La différence de niveau, qui est de $15^m,27$, est rachetée par cinq écluses. La navigation sur le lac Boren sera de 10,687 mètres.

Le troisième canal, long de 22,146 mètres, et sur lequel sont quinze écluses qui rachètent une chute de $40^m,48$, joint le lac Boren au lac Roxen. Le trajet sur ce lac, depuis Lillevad jusqu'à Norsholm, sera de 25,381 mètres.

Le quatrième canal est long de 7,118 mètres, et joint le lac Roxen au petit lac d'Asplangen, sur lequel la navigation sera de 4,987 mètres. La différence de niveau, qui est de 5m,23, est rachetée par trois écluses.

Enfin, le cinquième et dernier canal a 16,500 mètres de long, passe à Soderkoping, et débouche dans la Baltique à 5 kilomètres de cette ville. La différence de niveau entre le lac d'Asplangen et la Baltique, qui est de 27m,25, est rachetée par onze écluses.

Le nombre des écluses est de 59, dont 5 de garde, à l'embouchure des canaux dans les lacs. Les sas ont 7m,12 de large, et 35m,60 de long; leurs portes sont en fer. Trois écluses, près de la mer Baltique, ont des sas un peu plus grands. Les canaux du bief de partage ont été creusés dans une roche de nature granitique.

Canal de *Hjetmare*. Ce canal unit le lac de ce nom au lac Malaren qui verse ses eaux dans la Baltique.

Canal de *Waddô*. Ce canal raccourcit la navigation du golfe de Bothnie à la Baltique en permettant aux navires d'éviter le passage dangereux des îles d'Aland. Ces deux canaux sont aussi modernes.

ÉGYPTE.

Canal *Mahmoudieh*, d'Alexandrie au Nil, en face de Fouah, sur la branche de Rosette, qui est aujourd'hui la principale. Ce canal a été creusé en 1819 sous l'administration du vice-roi actuel d'Egypte (1). Il a 80 kilomètres de longueur;

(1) F. Mangin, *Histoire de l'Égypte*. Paris, 1823. Suivant cet auteur, les travaux exécutés dans l'eau coûtèrent la vie à 12,000 fellahs dans l'espace de 10 mois.

sa pente est peu sensible; sa largeur et sa profondeur varient suivant la hauteur du Nil. Il a été tracé en ligne droite, de l'est à l'ouest, sur 40 kilomètres de longueur, depuis la prise d'eau jusqu'à Leloha, à l'extrémité de la langue de terre étroite qui sépare le lac Maréotis du lac Madyeh (1). Il est établi sur cette langue de terre, dans une étendue de 17 kilomètres, entre deux fortes digues revêtues en maçonnerie en quelques endroits. Avant d'arriver à Alexandrie, il se divise en deux branches, dont l'une entre dans le port neuf, et l'autre dans le vieux port. La communication du canal avec le Nil est interrompue, pendant le temps que dure l'inondation de ce fleuve, par un barrage que l'on construit dans le canal près de la prise d'eau. On enlève ensuite ce barrage. La navigation n'est pas interrompue, mais les marchandises doivent être portées à force de bras du Nil dans le canal sur d'autres barques. La crue du Nil dure trois mois, du 13 juin au 17 septembre.

L'ancien canal d'Alexandrie, qui portait des eaux douces dans cette ville, avait sa prise d'eau à Rahmanieh, et n'était navigable que pendant vingt ou vingt cinq jours de l'année, lorsque le Nil est à sa plus grande hauteur. Bonaparte, étant en Egypte, fit baisser de $0^{m},50$ le seuil de la prise d'eau, ce qui suffit pour rendre le canal navigable pendant six semaines. Rahmanieh est à 15 kilomètres au-dessus de Fouah. Le nouveau canal a été construit pour servir au transport des grains de l'intérieur de l'Egypte à Alexandrie.

Le canal *Scander*, creusé récemment, est un canal d'arrosement.

Le canal de *Joseph*, dans la Haute-Egypte, est une branche sinueuse du Nil, qui longe le pied de la chaîne Libyque, et porte les eaux du Nil dans le Fayoum; il n'est navigable

---

(1) Le lac Madyeh communique avec la rade d'Aboukir. Le lac Maréotis est à sec.

que pendant une partie de l'année. Nous en faisons mention, parce qu'il est cité dans l'expédition du général Desaix. Il sort du Nil à 4 ou 5 lieues au-dessous de Siout, sous le 27ᵉ degré de latitude.

Ancien canal de *Suez*. Nous en avons parlé page 58.

ASIE.

Canal impérial de la Chine.

Ce canal, le plus grand que l'on connaisse, a un développement de 300 lieues, de Hangtcheoufou, sous le 31ᵉ degré de latitude nord, à Pékin sous le 40ᵉ degré de latitude. Il n'a pas de pente sensible, et il est peu élevé au-dessus de la mer, depuis Hangtcheoufou jusqu'aux bords du Houang-ho. Entre cette rivière et Pékin, il franchit un plateau élevé de 176 mètres au-dessus du Houang-ho, et de 312 mètres au-dessus de Pékin. Sur ce plateau, il reçoit une rivière qui vient du nord-est, et dont on distribue les eaux, partie au nord, partie au sud, dans la proportion voulue pour la navigation. Les pentes sont rachetées par des écluses à poutrelles, sans sas, décrites dans le *Voyage en Chine* de lord Macartney. La partie méridionale du canal impérial a été faite dans le sixième siècle. La partie qui a un bief de partage ne date que du treizième siècle. Le canal impérial reçoit à l'ouest plusieurs autres canaux et rivières. Ces dernières le traversent, et portent à la mer le superflu de ses eaux. (*Nouvelles Annales des Voyages*, tome XXXIII, page 199.)

AMÉRIQUE.

CANADA.

Canal *Welland*, du port Mailland sur le lac Érié au port Dalhousie, sur le lac Ontario. Longueur — 12 lieues.

Ce canal a été ouvert en grande section, et peut donner passage aux bâtimens de guerre qui sont employés sur le lac Érié. Il commence à 3 kilomètres au-dessus de l'embouchure de l'Ouse dans le lac Érié, unit cette rivière à la Welland, dont il emprunte le cours sur une longueur de 4 lieues; et descend au lac Ontario, divisé en 37 biefs, séparés par autant d'écluses, qui rachètent une pente de [illegible] mètres. Telle est la chute totale du Niagara, vaste déversoir des eaux du lac Érié dans le lac Ontario.

Canal *Rideau*, de Kingston, sur la rive septentrionale du lac Ontario, à la rivière Rideau, qui se jette dans l'Ottawa, affluent du fleuve Saint-Laurent. — 54 lieues.

Le bief de partage est élevé de 45 mètres au-dessus de Kingston et de 85 au-dessus de l'Ottawa.

Canal militaire *Grenville*, latéral à l'Ottawa, et unissant les parties du cours de cette rivière séparées par des rapides qui ne sont pas navigables.

Le canal Rideau et le canal Grenville joignent le lac Ontario et le lac Saint-Louis par une communication sûre et exempte des difficultés de la navigation du fleuve Saint-Laurent. Sur la rive orientale du lac Saint-Louis est Lachine, établissement considérable de la compagnie du nord-ouest de l'Amérique.

Canal *Lachine*, de Lachine, sur le lac Saint-Louis, au port de Montréal, sur le fleuve Saint-Laurent. — 3 lieues 1/4.

Ce canal unit deux points entre lesquels le fleuve Saint-Laurent présente un rapide presque insurmontable pour les barques.

ETATS UNIS.

(D'après l'*Atlas Universel* de Tanner, livraisons de 1833.)

CANAUX.

I. *Etats à l'est de l'Hudson.*

Canal de *Middlesex*, de Chelmsford à Charlestown, du Merrimack au hâvre de Boston. Longueur — 12 lieues.

Canal de *Blackstone*, latéralement à la Blackstone, de Worcester au port Providence. — 18 lieues.

Canal de *Farmington*, de Northampton sur le Connecticut, à Newhawen, sur le détroit de Long-Island. — 26 lieues.

Canal de *Cumberland et Oxford*, dans le Maine, de Sebago-Pond au hâvre de Portland. — 16 lieues.

II. *Etat de New-Yorck.*

Canal *Erié et Hudson*, de Buffalo, sur le lac Erié, à Albany, sur l'Hudson. — 145 lieues.

Ce canal, remarquable par son étendue, a été ouvert à la navigation avec solennité le 4 novembre 1825, après neuf ans de travaux. Le lac Erié est élevé de 170 mètres au-dessus d'Albany. Le canal a été exécuté en pente descendante depuis Buffalo jusque vers le milieu de sa longueur, où il a une contrepente à laquelle succède un bief de partage de 25 lieues de longueur, élevé de 127m,5 au-dessus d'Albany. La chute totale, rachetée par 83 écluses, est de 207 mètres. Le kilomètre du canal a coûté 80,700 fr. Albany est à 54 lieues de New-Yorck ; la marée cesse d'y être sensible.

Le canal Erié est joint : 1° au lac Champlain par le canal *Champlain*, de Waterford à Whitehall. 21 lieues.

2° Au lac Ontario par le canal *Oswego*. — 15 lieues.

3° Aux lacs Seneca et Cayuga par le canal *Seneca*. — 8 lieues.

4° A la branche septentrionale de la Susquehanna, au moyen du précédent, du lac Seneca, et du canal *Chemund*, qui unit ce lac à un affluent de la Susquehanna. — 16 lieues.

Canal *Hudson* et *Delaware*, de Kingston, près l'Hudson, aux mines de houille de Lackawaxen. — 34 lieues.

III. *New-Jersey.*

Canal *Morris*, en construction, de Newark, en face New-York, à Easton, sur la Delaware. — 34 lieues.

IV. *Pensylvanie.*

Ce vaste état, limité à l'est par la Delaware, renferme deux grandes villes, Philadelphie et Pittsbourg, bâties, la première entre la Delaware et la Schuylkill, et la seconde au confluent des rivières Allegheny et Monongaheia, qui forment l'Ohio. Cet état a fait de grandes dépenses en routes et canaux.

1. Canal *Delaware*, latéralement à cette rivière, d'Easton à Bristol, à 8 lieues au-dessus de Philadelphie. — 22 lieues.

2. Canal *Lehigh*, dans la vallée de cette rivière, d'Easton aux mines de houille de Mauch-chunk. — 16 lieues.

3. Canal *Schuylkill*, dans la vallée de cette rivière, de Philadelphie au mont Carbon, par Reading. — 32 lieues.

4. Canal *Union*, de Reading à Middletown, joint la Schuylkill à la Susquehanna. — 24 lieues.

5. Canalisation de la Susquehanna. — 50 lieues.

6. Canal de *Pensylvanie*, ou jonction de Philadelphie à Pittsbourg, au moyen du chemin de fer de Columbia, et de deux canaux unis par un chemin de fer à travers les Alleghanies. Longueur des canaux. — 108 lieues.

L'un des canaux part de Columbia, et doit aboutir à Holliday-burg, sur la Juniath, à 205 mètres au-dessus de Columbia, et à 414 mètres au-dessous du point de partage.

L'autre part de Pittsbourg, et doit aboutir à Johnstown, sur un affluent de l'Allegheny, à 151 mètres au-dessus de Pittsbourg, et à 341 mètres au-dessous du point de partage.

Canal de *Pensylvanie et d'Erié*, projeté pour joindre directement Pittsbourg à la ville d'Erié, sur le lac de ce nom.

Canal de *Pensylvanie et d'Ohio*, projeté pour joindre Beaver, sur l'Ohio, à Akron, sur le canal de l'Ohio.

V. *Etats de Pensylvanie et de Maryland et Delaware.*

Canal de la *Chesapeake et de l'Ohio*, de Washington à Pittsbourg, par Williamsport, Cumberland et Connelsville. 136 lieues.

Le président des États-Unis a ouvert les premières excavations de cette entreprise gigantesque le 4 juillet 1828. Ce canal remontera la rive gauche du Potomac, et franchira la chaîne des Alleghanies, au moyen d'un souterrain de 6 kilomètres de longueur, qui contiendra le bief de partage. Ce bief se trouvera établi à 256 mètres au-dessous du faîte de la chaîne, à 570 mètres au-dessus de Washington, et à 366 mètres au-dessus de Pittsbourg. Le canal aura 398 écluses. Il n'est encore exécuté que sur une longueur de 16 lieues.

VI. *Maryland et Delaware.*

Canal *Chesapeake et Delaware*, de Bohemia à Delaware-city. — 5 lieues 1/2.

Ce canal n'est autre chose qu'une profonde coupure à travers la péninsule qui sépare la baie de la Chesapeake de l'embouchure de la Delaware dans la baie de même nom. Praticable aux bâtimens maritimes du commerce, il est très-important. Il a deux écluses de garde et deux écluses à sas.

VII. *État de l'Ohio.*

Canal de l'*Ohio*, de Portsmouth, sur l'Ohio, à Cleveland, sur le lac Erié, par Chillicothe et Newark. — 90 lieues.

Ce canal, qui doit être terminé, commence à l'embouchure du Sciotto dans l'Ohio, remonte le Sciotto, et franchit, pour arriver à Cleveland, deux faîtes, savoir : l'un à Hébron, élevé de 126 mètres au-dessus de Portsmouth, l'autre à Akron, élevé de 122 mètres au-dessus de Cleveland.

Canal *Miami*, de Cincinnati, sur l'Ohio, à Dayton, sur la rivière Miami. — 20 lieues.

VIII. *Kentucky.*

Canal de *Louisville*, exécuté en grande section sur la rive gauche de l'Ohio pour tourner les rapides qui sont dans cette rivière au-dessous de Louisville. — 1 lieue.

IX. *États de Virginie et de la Caroline du Nord.*

Canal *Dismal Swamp*, coupure profonde pour unir la baie de la Chesapeake au détroit d'Albermale. — 9 lieues.

Canal *Roanoke*, latéral à la Roanoke, rivière qui a son embouchure dans le détroit d'Albermale. — 60 lieues.

X. *Caroline du Sud.*

Canal *Santée*, d'un point pris sur cette rivière à la Cooper, qui a son embouchure dans la mer, à Charlestown. — 8 lieues.

XI. *Louisiane.* Canal ouvert dans des marais, de la Nouvelle Orléans à la baie d'Atchafalaya. — 20 lieues

XII. *Floride.* Canal projeté à travers la Floride pour joindre l'Océan au golfe du Mexique.

XIII. *Illinois.* Canal *Illinois et Michigan.* Au moyen de ce canal, dont l'exécution est facile, et de la rivière Illinois, affluent du Mississipi, le lac Michigan serait joint au golfe du Mexique.

CHEMINS DE FER.

I. *États à l'est de l'Hudson.*

1. D'Albany à Boston, par Pittsfield. — 77 lieues.

II. *État de New-York.*

2. D'Albany à Saratoga-Springs par Schenectady. — 15 lieues.
3. De Catskill, sur l'Hudson, à Middlebourg. — 15 lieues.
4. D'Ithaca à Oswego, sur la Susquehanna. — 11 lieues.

III. *New-Jersey.*

5. D'Amboy à Camden, sur la Delaware, en face de Philadelphie. — 24 lieues.

IV. *Pensylvanie.*

6. De Philadelphie à Norristown. — 5 lieues.

7. De Philadelphie à *Columbia*, sur la Susquehanna, où commence le canal de Pensylvanie.— 30 lieues.

Ce chemin de fer traverse un pays très-accidenté, et aura des pentes et des contrepentes qui exigeront des plans inclinés; il faudra franchir un faîte élevé de 180 mètres au-dessus de Philadelphie.

8. De Sunbury, sur la Susquehanna, à Mauch-chunk, où se termine le canal Lehigh.— 24 lieues.

9. De Millersburg dans les terres, vers l'est. — 8 lieues.

10. De Hollidayburg à Johnstown, à travers les Alleghanies.— 20 lieues.

La construction de ce chemin présentera de grandes difficultés : le point de partage est élevé de 414 mètres au-dessus de Hollidayburg, et de 341 mètres au-dessus de Johnstown.

V. *Maryland et Delaware.*

11. Chemin de fer de *Baltimore* et de *l'Ohio*, de Baltimore à Point or Rocks, sur le Potomac, à 14 lieues au-dessus de Washington. — 30 lieues.

Ce chemin de fer passe à Frederick-town, et se lie au canal de la Chesapeake et de l'Ohio. Il aboutit sur le Potomac, un peu au-dessus de la rivière Monococy, et franchit un faîte élevé de 244 mètres au-dessus de Baltimore.

12. De French-Town à New-Castle, communication courte, parallèle au canal Chesapeake et Delaware.— 6 lieues.

VI. *Kentucky.*

13. De Louisville à Lexington, par Frankfort. — 20 lieues.

VII. *Virginie.*

14. De Winchester à Harper'sferry, sur le Potomac, au-

dessus du point où se termine, sur l'autre rive du Potomac, le chemin de fer de Baltimore et de l'Ohio. — 10 lieues.

15. De Petersburg à la Roanoke, par Hicksford. — 22 lieues.

VIII. *Caroline du Sud.*

16. De Charlestown à Hamburg, sur la Savannah, en face d'Augusta. — 52 lieues.

Les rails de ce chemin, qui traverse des marais, sont établis sur deux cours de poutrelles portées par des pilots enfoncés en terre. Cette communication, déjà préférée par le commerce à la voie de la Savannah, donne des facilités au gouvernement pour l'approvisionnement d'Augusta, seul dépôt militaire des États-Unis dans le sud.

RÉCAPITULATION.

Longueur des canaux faits ou commencés....... 900 lieues.
— des chemins de fer *id.* *id.* 368

Canal de l'isthme de Panama.

Aucun projet n'a été arrêté pour joindre les deux Océans au moyen d'un canal. L'élévation du faîte qui les sépare, dans l'isthme de Panama, est de 190 mètres.

CHAPITRE DEUXIÈME.

ROUTES CARROSSABLES OUVERTES DANS LES ALPES ET LES APENNINS.

Route littorale des Alpes et des Apennins.

Cette route conduit d'Antibes à Pise par Nice, San-Remo, Finale, Savone, Gênes, Chiavari, Spezia, Sarzana, Massa, Pietra-Santa, et Viareggio. Elle a été commencée sous le règne de Napoléon, et achevée par le gouvernement sarde. Elle se divise en deux parties, l'une d'Antibes à Gênes, l'autre de Gênes à Pise. La première a remplacé une route étroite qui passait sur la crête des hauteurs, et qu'on appelait la route de la *corniche*, dénomination qui exprimait à-la-fois sa position et son apparence. Elle unit tous les ports du rivage à l'occident de Gênes. Elle était très-utile à la France pour communiquer par terre avec ces ports et avec Gênes pendant la guerre avec l'Angleterre, néanmoins elle n'était pas achevée entre Finale et Nice en 1814; mais depuis 1830, cette lacune n'existe plus. La seconde partie de la route, se liant aux communications de la Toscane, était plus importante que la première pour le gouvernement sarde : aussi a-t-elle été achevée beaucoup plus tôt.

Un embranchement conduit de Pietra-Santa à Lucques.

La route de Grosseto, dans la Maremme de Toscane, s'embranche au fort Saint-Vincent sur la route de Pise à Piombino. Elle franchit les monts de Gavoranno et de Giuncario.

L'ancienne voie Aurélienne conduisait de Rome à Arles par Pise, Gênes et Savone.

ROUTES CARROSSABLES QUI TRAVERSENT LES ALPES.

Les Alpes se lient aux Apennins par le col de Cadibona, en face de Savone. Elles ceignent l'Italie à l'est, au nord et à l'ouest. Elles se divisent en différentes parties sous des noms connus : à l'est, les Alpes maritimes, les Alpes cottiennes et les Alpes grecques; au nord, les Alpes pennines, les Alpes helvétiques ou lépontiennes, et les Alpes rhétiennes; à l'est, les Alpes noriques, dont la chaîne court vers le nord est, les Alpes carniques et les Alpes juliennes.

Quatre passages des Alpes étaient connus des Romains du temps de Polybe : celui du littoral, celui du mont Genèvre, celui du petit Saint-Bernard, et un quatrième, qui était le Splugen ou le Septimer. Les empereurs multiplièrent les chemins dans les Alpes.

Alpes maritimes.

1. Route de Savone à Alexandrie, par le col de *Cadibona*, Altare, Carcare, Cairo et Dego. Hauteur du col au-dessus de la mer (Chabrol, *Statistique de Montenotte*) : 457 mèt.

Ce col est le plus bas des Alpes. Bonaparte, en 1796, entra en Italie par cette route, qui alors était peu praticable.

La position de Saint Jacques, occupée au commencement de la campagne de 1796, est dans l'angle que forment les chemins, qui de Vado et de Finale conduisent au col Saint-Jacques. Elle domine les deux chemins et le débouché du col, et sert de nœud à deux contreforts qui descendent, l'un sur Vado, l'autre sur Finale.

2. Route d'Oneille à Ceva, dans la vallée du Tanaro, par Pontedassio, Pieve, le col de *Nava*, Ormea, Garessio, Bagnasco. Hauteur du col (Chabrol, Statistique citée) : 954 m.

On travaille encore dans la vallée du Tanaro à achever cette route.

3. Route de Nice à Coni, par Scarena, Sospello, Breglio, Saorgio, Tende, Laca, le col de *Tende*, Limone, San Dalmazzo. Hauteur du col (*Itinér. de Piémont*) : 1,802 mètres.

Le passage du col de Tende est connu depuis 1266. La route a été faite en 1780. Il y souffle, pendant l'hiver, un vent violent, et il s'y accumule une telle quantité de neige, que la communication par le col est interrompue pendant cinq mois de l'année, novembre, décembre, janvier, février et mars. On franchit alors le col par un sentier étroit, ouvert dans la neige entre Laca et Limonetto.

Le prince Eugène, après avoir fait lever le siége de Turin en 1706, entra en Provence par le col de Tende.

4. Communication de Barcelonnette à Coni, par Jausier, Larche, le col de l'*Argentière*, Argentière, Démont. Hauteur du col : inconnue.

Il n'y a pas de route, mais la pente est très-douce des deux côtés du col, et les voitures y passent aisément. Il y tombe dans l'arrière-saison un verglas qui rend la communication presque impraticable. En 1744, l'armée française, qui leva le siége de Coni, le 22 octobre, eut une peine infinie à ramener son artillerie.

Le passage des Alpes par François Ier, en 1515, passage justement célèbre, eut lieu par le col de l'Argentière. L'invasion du Dauphiné par le duc de Savoie, en 1692, se fit par le même col.

Alpes cottiennes.

5. Route de Briançon à Césanne, par le mont *Genèvre*, et de Césanne à Turin, soit par le col de Sestrières, Fenestrelles et Pignerol, soit par Oulx, Exilles et Suze. Hauteur du col : (Sevestre, ingénieur, *Notice*) 1,937 mètres.

Cette double communication est défendue du côté de l'Italie par deux places : Fenestrelles, qui donne son nom à un système de forts qui ferment la vallée de Pragelas, et Exilles, qui est un fort démoli en 1797, et reconstruit depuis 1814.

La route est moderne, et due à Napoléon. Elle entrait dans le système de ses communications comme route militaire pour le passage en Italie des troupes venant d'Espagne. Elle est terminée de Briançon à Césanne; la partie comprise entre

Césanne et Pignerol était fort avancée en 1814 : le gouvernement sarde n'y a exécuté aucuns travaux depuis cette époque. La partie comprise entre Césanne et Suze n'a pas été commencée.

Le passage des Alpes par le mont Genèvre est le plus anciennement connu. Il n'est jamais intercepté par les neiges. L'accès en est facile du côté de la France; on y arrive, du côté de l'Italie, par une gorge étroite et profonde, au sommet de laquelle était autrefois un tourniquet dont on se servait pour retenir les voitures qui descendaient, et tirer celles qui montaient.

Suivant les historiens, les Gaulois qui prirent Rome, l'an 389 de sa fondation, étaient entrés en Italie par le mont Genèvre. Quelques auteurs y font aussi passer Annibal l'an de Rome 534, le 26 octobre.

En 1814, l'artillerie de l'armée d'Italie fut ramenée en France par le mont Genèvre.

Briançon est le nœud de deux routes, dont l'une conduit à Gap, et l'autre à Grenoble.

6. Route de Chambéry à Turin, par le *Mont-Cenis*.

		Longueurs de route correspondantes.
Hauteurs du Mont-Cenis, au-dessus de la mer (Derrien, ing., *Notice*) .	2,100 m	237 m
au-dessus de Lanslebourg	688	10,000
— de Suze.	1,584	27,000

Cette route a été faite de 1803 à 1813. Elle est parfaitement entretenue par le gouvernement sarde, et parcourue en toute saison par les voitures. Elle a presque partout 10 mètres de largeur. On n'a pu éviter, notamment du côté de l'Italie, d'avoir des pentes un peu raides, de 6, de 7, de 7, 5, et même de 8 cent. par mèt.; néanmoins la plus raide de ces pentes est douce, comparée aux pentes des anciennes routes des pays montueux.

La route est défendue, entre Modène et Lanslebourg, par le fort l'Esseillon, construit sur la rive droite de l'Arcq.

Trois routes importantes se lient à celle du Mont-Cenis : la route de Grenoble à Montmélian par la vallée de l'Isère, celle de Lyon à Chambéry, et la route nouvellement faite de Bourg à Chambéry par Pont-d'Ain, Belley, Yenne-sur-le-Rhône, le mont du Chat et le Bourget.

Alpes grecques.

7. Route de Moûtiers à Aoste par Bourg-Saint-Maurice, le *petit Saint-Bernard* et Pré-Saint-Didier. Hauteur du petit Saint-Bernard : (*Ann. du bureau des longitudes*) : 2,192 m.

Cette route est difficilement carrossable, et, à proprement parler, n'est que muletière. En hiver, le passage du petit Saint-Bernard est fermé par les neiges.

Alpes pennines.

8. Chemin de Martigny à Aoste par le *grand St.-Bernard*. Hauteur du col (*Ann. du bureau des longitudes*) : 2 492 m.

Ce chemin n'est nullement carrossable. Le passage du grand Saint-Bernard par l'armée de réserve, en 1800, est le passage des Alpes par une armée le plus remarquable.

9. Route de Genève à Milan, par la rive gauche du lac de Genève, Brieg, le *Simplon*, Domodossola, la rive droite du lac Majeur.

		Longueurs de route correspondantes.
Hauteurs du Simplon, au-dessus de la mer (Céard, *Notice*)..	2,013 m.	«
au-dessus de Glitz près Brieg..	1,313	22,400 m
— de Domodossola....	1,707	48,322

L'ouverture de cette route a été ordonnée par les consuls, en 1800, après la bataille de Marengo. Elle a été exécutée en six ans. Les pentes les plus raides sont de 6 à 7 centimètres par mètre. Quatre galeries ont été nécessaires : la plus remarquable est celle de Gondo, qui a 222 mètres de longueur sur 8 de largeur, et autant de hauteur. Elle a été tracée en ligne sinueuse, afin, dit-on, d'en faciliter la défense (1).

Le choix de la rive gauche du lac de Genève a été commandé par une considération militaire fort importante, celle du moindre développement de la route. La différence avec la direction par la rive droite, sur laquelle il y aurait eu moins de travaux neufs à exécuter, est d'une journée et demie d'étape.

Les avalanches énormes qui se détachent des montagnes dans l'étroite vallée de la Doveria, pendant huit mois de l'année, réduisent à quatre le temps pendant lequel la route du Simplon est praticable aux voitures.

Alpes lépontiennes ou helvétiques.

10. Route de Bâle à Milan, par Lucerne, le lac des Quatre-Cantons, Altorf, la vallée de la Reuss, le *St.-Gothard*, Airolo, le val Levantin ou la vallée du Tésin, Giornico, Bellinzona, Bironico, Lugano, Melide, Bissone, Capo-di-Lago, Como.

		Longueurs de route correspondantes.
Hauteurs du Saint-Gothard, au-dessus de la mer (Saussure).	2,075 m (2)	
au-dessus de Goeschenen....	954	3 lieues
— d'Airolo.........	924	2 *id.*

Une grande partie du commerce de transit de la haute Italie avec la Suisse se fait par cette route, qui aujourd'hui est praticable aux voitures. Sa largeur est de 6 mètres dans les vallées proprement dites, et de 5 mètres seulement dans les défilés. Ses pentes les plus fortes n'excèdent pas 10 centimètres par mètre. La montée du Saint-Gothard, du côté de la Suisse, commence à Amsteg. Un nouveau pont a été construit sur la Reuss, à la sortie du défilé des Schoellenen ; il remplace l'ancien pont du Diable. La galerie d'Urnerloch, qui débouche

(1) Rapport de M. Céard, directeur des travaux.

(2) 2,112 mètres. Olsen, *Esquisse orographique de l'Europe*.

dans la jolie vallée d'Urseren, a été élargie. Une auberge a été construite sur le Saint-Gothard, dans ce lieu qui présente une des plus affreuses solitudes. Sur le versant de l'Italie, dans le défilé du Platifer, la route est construite contre les parois verticales de rochers escarpés, et en quelques endroits dans le lit même du Tésin, sur des remblais de 6 à 10 mètres de hauteur. De Bellinzona à Capo-di-Lago, elle franchit le mont Cenere, et suit le bord occidental du lac de Lugano, de Lugano à Melide, et, de Bissone à Capo-di-Lago, le bord oriental.

Le Saint-Gothard est regardé comme la clef militaire de l'Allemagne et de l'Italie. Il fut vivement défendu par les Français contre les Russes, dans la campagne de 1799. Souwarof le franchit le 23 septembre avec une armée de 22,000 hommes et 25 canons portatifs chargés sur des mulets.

A la route précédente se lie celle qui vient d'être construite par le canton de Berne, de Meyringen à Wasen, par la vallée de Gadmen, le Sustenpass, et la vallée de Meyen.

La vallée d'Urseren communique avec celle du Rhin par l'Ober-Alp, et avec celle du Rhône par la Furca, passages très-importans.

Alpes Rhétiennes.

11. Route de Coire à Milan, par le *Bernardin*, Bellinzona et Como. Hauteur du Bernardin au-dessus de la mer : 2,145 mètres (1).

12. Route de Coire à Milan, par le *Splugen*, Chiavenna et Lecco. Hauteur du Splugen au-dessus de la mer : 2,080^{m} (2).

Ces deux routes, qui, comme la précédente, servent au transit, par la Suisse, des marchandises de la haute Italie, ont été terminées en 1822. Elles ont une partie commune, de Coire à Splugen, par Reichenau, Tusis, la via Mala, Andeer, et le défilé des Rofflen. La via Mala est un défilé de deux lieues de longueur, où le Rhin postérieur précipite ses eaux, et qui paraissait inaccessible.

La route du Bernardin est commode. On arrive au col, en

(1) (2) Olsen, *Esquisse orographique de l'Europe.*

venant d'Hinterrhein, par une longue rampe en zigzags, taillée sur les flancs d'une montagne aride et pelée. Du col on descend dans le val Misocco ou Mesolcino, arrosé par la Moesa, affluent du Tésin.

La route du Splugen est beaucoup plus difficile. Sur le versant nord, elle est resserrre dans un espace étroit, et se compose de plusieurs retours en lacet. Sur le versant de l'Italie, elle présente trois galeries souterraines, dont deux ont été ouvertes dans les rochers du Cardinell pour franchir l'effroyable défilé de ce nom; la troisième a été construite pour garantir la route des avalanches. Ces galeries, ouvrage des Autrichiens, ont été faites avec économie, et n'ont que 4 mètres de hauteur sur 4 mètres de largeur.

Une armée française a franchi le Splugen le 27 novembre 1801, sous la conduite du général Macdonald.

Aux routes précédentes se lient toutes les communications de la Suisse dans la vallée du Rhin.

13. Route directe de Coire à Chiavenna, par Lenz, Stalla, le *Septimer*, Casaccia et la vallée de Maira. Cette route n'est plus fréquentée.

14. Route de Coire, dans la haute Engadine, par Lenz, Stalla, le mont *Julier*, et Silva-Plana; cette route a été rendue carrossable en 1824.

15. Route de Chiavenna à Finstermünz, dans la basse Engadine, par Casaccia, le col de *Maloja*, Silva-Plana, Bevers, Zernetz. Cette route n'est praticable aux voitures qu'en été.

16. Route de l'Ortler-Spitz, de Milan au pont de Spandin, dans le Vintschgau, vallée de l'Adige, par Lecco, Colico, Morbegno, Sondrio, Tirano, Bormio, le col de *Stelvio*, Trafoi, Stilfs et Prad.

		Longueurs de route correspondantes
Hauteurs du col de Stelvio, au-dessus de la mer.........	2,814^{m}	»
au-dessus de Bormio........	1,564	20,400^{m}
— de Prad..........	1,841	24,400

L'objet militaire de cette route a été indiqué (1). On remarquera la hauteur excessive du col où elle passe, hauteur qui est supérieure de 260 mètres à la ligne des neiges perpétuelles dans les Alpes. On eût pu choisir un col moins élevé, le col Sainte-Marie, où Stilicon passa avec son armée dans le cinquième siècle, mais la route n'eût pas été située tout entière sur le territoire autrichien. Ces lieux, dont l'accès est si difficile, ces sommités si long-temps couvertes de neige dans l'année, ont été franchis par les armées, et ont été le théâtre de combats dans la campagne de 1799, le 25 mars et le 4 avril (2).

La route n'était pas encore achevée en 1827 entre Lecco et Colico ; mais elle l'était entre le Tyrol et la Valteline. Ses pentes les plus fortes n'excèdent pas $\frac{1}{10}$ (3), et sa largeur n'est nulle part moindre que 5 mètres. Pour s'élever de Bormio au col, on a dû construire six galeries dont la longueur totale est de 871 mètres. Les unes sont des passages percés dans le roc, et ont été nécessitées par le tracé; les autres servent à garantir des avalanches. On descend à Schmelz, petit village entre Stilfs et Prad, par un lacet qui a 48 retours, et qui passe sous onze galeries construites en bois les unes au-dessus des autres (4). Aucune route en pays de montagne ne présente une descente aussi effrayante.

De Prad au pont de Spandin, entre Eyrs et Mals, sur la route de poste de Botzen à Feldkirch, la distance est de 13,441 mètres.

(1) Page 12 de cette Instruction.

(2) Jomini, tome XI, pages 114 et 214.

(3) Voyez une description détaillée de cette route dans le *Bulletin des sciences géographiques*, publié par M. le baron de Férussac, tome XXI, page 247.

(4) Voyez une autre description intéressante de cette route dans l'ouvrage de M. Fr. Mercey, *Le Tyrol et le nord de l'Italie*, voyage pittoresque où les grands traits des Alpes sont esquissés avec talent. Paris, 1833, 2 vol. in-8°.

17. Route de Vérone à Innsbruck par Roveredo, Trente, Lavis, Botzen, Brixen, Sterzing, Brenner, Lueg. Hauteur du col : 1,420 mètres.

Cette route, la plus directe et la seule qui traverse tout le Tyrol, du sud au nord, est extrêmement importante. Elle passe par les villes du Tyrol les plus peuplées, et reçoit les embranchemens d'un grand nombre de communications dont nous citerons les principales : la route de Bassano à Trente, par le val Sugana; le chemin de Lavis à Tirano par la vallée de Noss, le Tonal et le val Camonica; la route de Botzen à Feldkirch, celle de Brixen à Villach. Botzen est à la jonction des vallées de l'Adige et de l'Eisack; Brixen, à celle de l'Eisack et de la Rienz. Innsbruck, au confluent de l'Inn et de la Sill, est aussi le nœud de plusieurs routes.

Au pas de Lueg, sont deux bornes milliaires romaines, dont l'une porte le millésime 236, année d'une victoire de Maximin sur les Germains.

18. Route du Vorarlberg, ou de Botzen à Feldkirch, par Meran, Eyrs, Spandin, Mals, Reschen, Nauders, Finstermüntz, *Landeck*, le mont Arlberg, Stuben, et Bludenz. Cette route franchit entre Reschen et Nauders, la ligne de partage des eaux de l'Adige et de l'Inn; au mont Arlberg, celle des eaux de l'Inn et du Rhin.

19. Route du Pusterthal, ou de Brixen à Villach par Muhlbach, Prunecken, *Toblach*, Lienz et Spital. Cette route s'embranche sur la grande route du Tyrol au pont Laditscher, situé entre Brixen et Muhlbach.

20. Route de Salzbourg à Feldkirch par le pas de Strub, Egendorf, Worgl, *Innsbruck*, Zirl, Imst, *Landeck*, le mont Arlberg, Stuben et Bludenz. Cette route reçoit les embranchemens de plusieurs communications qui viennent de la Bavière, et facilitent l'accès du Tyrol par le sud. Elle reçoit, à Imst, l'embranchement de la route d'Augsbourg, par Füssen, Vils et Lermoos; à Zirl, celui de la route de Munich par Scharnitz; à Egendorf, celui de la route de Kufstein; à Saint-Johan, les embranchemens des chemins de Kossen par

10

la vallée de l'Achen. Tous ces noms rappellent des défilés qui avaient été fortement retranchés par les Autrichiens dans la campagne de 1805, et qui néanmoins furent forcés par le corps d'armée du maréchal Ney.

21. Route de Bellune à Toblach, par Cadore, le mont Zucco et Cortina. Cette route a été faite en 1825.

Alpes noriques.

22. Route de Spital à Salzbourg par Gmünd, San Michael, les Taures de Rastadt, Rastadt-sur-l'Enns, Werfen, le pas de Lueg. Hauteur des Taures de Rastadt (*Bruguière*) : 1651 m. Plusieurs autres routes traversent les Alpes noriques à l'est de celle de Spital.

Alpes carniques.

23. Route de Carinthie ou de Trévise à Clagenfurth, par Valvasone ou Udine, par San Daniele, Osopo, la Chiusa-Veneta, le col de Malborghetto, *Tarvis*, et Villach.

24. Route de Gorizia à Villach, par Canale, Caporetto, Pletz, le col de Prediel et Tarvis.

La première de ces deux routes est la principale. Toutes deux passent dans des défilés où l'on peut arrêter long-temps une armée. En 1797, les Autrichiens n'eurent pas le temps de les fortifier. En 1809, ils avaient élevé près de Prediel et de Malborghetto, des blockhaus qu'ils défendirent avec beaucoup de courage. (*Campagne de* 1809, *par M. le général Pelet.*)

Alpes juliennes.

25. Route de Gorizia ou de Trieste à Clagenfurth par Prewald, Adelsberg, Laibach, le mont Leobel, Kirschentheuer. Le col de Prewald est très-bas. La hauteur du col Leobel, qui forme un défilé de plusieurs lieues, est de (*Olsen*) : 1350 mètres.

26. Route de Fiume à Agram, par Carlstadt.

ROUTES CARROSSABLES QUI TRAVERSENT LES APENNINS.

La chaîne des Apennins, comme celle des Alpes, se compose de parties distinctes séparées par des cols; mais les cols, dans les Apennins, sont beaucoup moins élevés que dans les Alpes, et ils ne présentent presque qu'une arête, tandis que ceux des Alpes sont de vastes plateaux.

Parmi les anciennes routes romaines construites en Italie, il faut distinguer les suivantes, qui existent encore en partie, et auxquelles on donne quelquefois leurs anciens noms.

La voie Appienne, de Rome à Brindisi, par les marais Pontins et Capoue.

La voie Cassienne, de Rome à Modène, par Viterbe, le val de Chiana, Arezzo, Florence et Prato.

La voie Flaminienne, de Rome à Rimini, par Foligno et Fano.

La voie Emilienne, de Rimini à Bologne, et de Bologne à Aquilée.

1. Route de Gênes à Novi, par Ponte-Decimo, le col de Giovi, Ronco, Arquata, Serravalle. Hauteur du col, 467 mèt.

Cette route a été terminée en 1822. Elle se sépare de l'ancienne à Ponte-Decimo, et laisse à gauche le col de la Bocchetta, qui est élevée de 777 mètres au-dessus de la mer. Elle est beaucoup plus douce que l'ancienne, mais elle est plus longue de 15 kilomètres. Elle tourne le fort de Gavi.

2. Route de Sarzane à Parme, par Aulla, Pontremoli, le col de la Cisa, Bercetto, San Terenzo et Fornovo. Hauteur du col de la Cisa (*Nouvelle carte de la Toscane*), 1,040^{m},78.

Cette communication est connue depuis fort long-temps, mais ce n'est que depuis 1830 qu'elle peut être mise au nombre des routes praticables aux voitures. Les travaux nécessaires à cet effet ont été, ainsi que ceux de la route précédente, commencés sous la domination française.

Suivant M. Cuvier, Annibal franchit les Apennins au col de la Cisa, après la bataille de la Trebia. On sait que Charles VIII y passa, en 1495, avec 14 pièces d'artillerie, en revenant de l'expédition de Naples.

3. Route militaire de la Lombardie estense ou modénoise, par Fivizzano. Cette route traverse le vicariat de Fivizzano, qui appartient à la Toscane, et conduit dans la partie des états de Modène, voisine de la Méditerranée. Elle part de Reggio.

4. Route de Lucques à Modène, par Vico, Chiefenti, Monte Rondinaja, Pieve a Pelago, Barigazzo et Paullo.

5. Route de Pistoie à Modène, par Piastre, Ost, San Marcello, Pianasinatico, Boscolungo, col de Fiumalbo, Fiumalbo, Pieve a Pelago, Barigazzo et Paullo.

Cette route, connue en Italie sous le nom de Léopoldine, a été faite, de 1770 à 1775, sous la direction de Giardini, habile ingénieur. C'est la première route moderne exécutée en pays de montagnes, pouvant être aisément parcourue par des voitures. Ses pentes les plus raides sont de $\frac{1}{15}$. Elle a 8 mètres de largeur.

6. Route de Pistoie à Bologne par Piastre, Ost et Porretta; il paraît qu'il y aurait peu de travaux à exécuter pour rendre cette route carrossable.

7. Route de Florence à Bologne par Fontebuona, Cafaggiolo, la douane de la Futa, le col de Monte di Fô, Pietramala, Filigare, Lojano et Pianoro. Hauteur du col : 910^{m}, 52.

Cette route est la seule communication directe, praticable aux voitures, du nord avec le sud de l'Italie. Avant 1730, elle passait à droite du col, à Firenzuola. La route militaire, non praticable aux voitures, part de Ponte-a-Signe, sur l'Arno, remonte le val de Marina, franchit le mont de la Calvana, et par Barberino et Vigesimo, rejoint la grande route avant la douane de la Futa. C'était aussi l'ancien chemin de l'Étrurie.

Le col de Monte di Fô est une arête étroite, de 150 mètres de longueur, sur laquelle passe la route; il sépare deux grandes vallées, celle du Santerno au nord-est et celle de la Stura, affluent de la Siéve, au sud. Les tourmentes qui y règnent en hiver le rendent très dangereux pour les voitures et les voyageurs. On y établit pendant cette saison des poteaux de trois mètres de hauteur. Le point culminant de la route est plus loin, près de Pietramala. De Lojano, on voit les deux mers, l'Adriatique et la Méditerranée.

M. Goury, ingénieur, a décrit cette route dans ses *Souvenirs Polytechniques*, et y a exécuté plusieurs rectifications importantes, de 1812 à 1814.

8. Route de l'Adriatique, ou route directe de Livourne à Ancône, par Florence, Arezzo, le col de Via dei Bocci, la vallée du Cerfone, Villa, non loin à l'ouest de Monterchi, Borgo-san-Sepolcro, dans la vallée du Tibre, la vallée de l'Affra, le col della Donna ou de Monte Casale dans la chaîne Apennine des monts de la Lune, la vallée du Metauro, Mercatello, san Angelo in Vado et Calmazzia, embranchement de la route de Rome à Fossombrone par Foligno.

Hauteur du col dei Bocci........ ^{m}
Idem du col de Monte Casale..... 1,100^{m}

En 1788, Pierre Léopold, souverain de la Toscane, conçut le projet d'une route de l'Adriatique. Quelques études furent faites, quelques travaux exécutés suivant une direction actuellement abandonnée. En 1806, Napoléon fit étudier le même projet par les ingénieurs français; la direction indiquée ci-dessus fut adoptée: elle est la plus avantageuse. La route est praticable aux voitures jusqu'à Borgo-san-Sepolcro.

Le nord et l'est de la Toscane sont privés de toute communication praticable aux voitures avec les États de l'Église. La route dite de la Romagne, de Florence à Forli, n'a été faite que jusqu'à Ponticino.

9. Route de Florence à Rome par Sienne, Radicofani et Viterbe. Hauteur de la chaîne : environ 900 mètres.

10. Route de Florence à Rome par Arezzo, Perugia, *Foligno*, Spoleto, Terni, Nepi.

La première de ces deux routes est la plus directe, la plus courte et la plus fréquentée. Elle franchit une branche de l'Apennin, qui est aussi élevée que la chaîne principale, et qui en est séparée par le val de Chiana. Ce val, où la Chiana, affluent du Tibre, est unie à un affluent de l'Arno par un petit canal, est très-remarquable.

La seconde route est beaucoup plus longue, mais elle passe à Foligno, point important, nœud de deux communications.

La route qui vient d'être faite d'Orvietto à Citta della Pieve, par Bagni et Ficulla, et le chemin existant de Citta della Pieve à Arezzo, établissent une troisième communication entre Florence et Rome.

11. Route de Rome à Fano, par Terni, Spoleto, *Foligno*, Nocera, Sigillo, Costacciaro, Scheggia, Cantiano, Cagli, le Furlo et Fossombrone.

12. Route de Rome à Loreto, par *Foligno*, Casenove, le col Fiorito, Serravalle, Tolentino et Macerata.

La première de ces deux routes est l'ancienne voie Flaminienne. On y remarque plusieurs ouvrages des Romains : un pont sur le Cantiano, l'escarpement du Furlo, et une galerie de 60 mètres de longueur percée dans cette montagne. C'est dans la vallée du Cantiano que fut défait Asdrubal par les consuls Livius et Neron.

Il part de Nocera un chemin qui conduit directement à Ancône, par Fabriano et Jasi.

La seconde route est la meilleure et la plus fréquentée.

13. Route de Rome à Aquila par Rieti et Civita-Ducale.

14. Route de Rome à Sulmona, par Tivoli, Tagliacozzo et Celana.

Ces routes sont difficilement praticables aux voitures.

15. Route de Rome à Naples par Albano, les Marais Pontins, Terracine, Fondi, Mola di Gaeta, Sessa, Capoue.

16. Route de Rome à Naples, par Frascati, Valmontone, Ferentino, Ceprano, san Germano, Capoue.

La première de ces deux routes est la plus fréquentée. On n'est plus retardé au passage du Garigliano, un pont suspendu en chaînes de fer ayant été construit sur cette rivière.

Des travaux ont été récemment exécutés sur la seconde, qui est plus directe.

17. Route des Abruzzes ou de Naples à Sulmona par Capoue, Calvi, Venafro, Ivernia, et Castel di Sangro. Cette route manquait de ponts sur les torrens et les rivières qui la coupent en plusieurs endroits. Deux ponts en pierre ont été récemment construits, l'un sur l'Orta, l'autre au passage d'un vallon près de Sulmona.

18. Route de la Pouille ou de Naples à Manfredonia et à Barletta par Avellino et le col de Bovino. Cette route importante est très carrossable.

Une route également bonne et qui s'éloigne peu du littoral conduit de Barletta à Otrante par Bari et Lecce.

19. Route des Calabres ou de Naples à Reggio, par Salerne, Eboli, Auletta, Monticello, Castrovillari, Tarsia, Cosenza, Scigliano, Nicastro, Monteleone, Rosarno, Seminara, Scilla.

Des travaux considérables ont été exécutés sur cette route, qui est si utile pour les communications avec la Sicile. On en a adouci les pentes à six centimètres par mètre; on en a changé la direction à Monticello; on l'a tracée en ligne droite dans le bois de Rosarno. Des aires en madriers ont été établies dans le lit de plusieurs torrens qui se passent à gué. Elle doit actuellement être praticable aux voitures dans toute son étendue.

Plusieurs points de cette route sont remarquables, comme nœuds de communications avec les ports du golfe de Tarente et de la mer Ionienne.

ADDITIONS.

I.

Routes de Dalmatie, page 3.

Les routes de Dalmatie, ouvrage des troupes françaises, sont au nombre de quatre, savoir :

1° La route de Scardona à Spalato, par Sebenico, Boraja, Trau et Salona ; continuation de la route de Zara à Scardona, faite par les Autrichiens. Longueur : 88 kilom.

2° La route de Knin à Raguse, par Verlica, Sign, Turiach, Trigl, Ugliane, Zuppa, Vergoraz, Metcowich sur la Narenta, Slano. Longueur : 226 kilom.

Cette route, à proprement parler, n'était qu'un chemin élargi, mais pouvant rester long-temps praticable aux voitures, parce que le sol est partout pierreux.

Une route faite par les Autrichiens, mais qui fut réparée, liait Zara à Knin par Bencovaz, Ostrovizza, et Kistagne. Un embranchement de cette route la liait, à Grachacz, à la route de Vienne par la Croatie. Un autre embranchement conduisait de Knin à Sebenico, par Dernis.

3° La route de Spalato ne fut pas continuée par le littoral, mais elle fut liée à la grande communication intérieure par une route, celle de Salona à Turiach par Clissa et Dismo. Longueur : 26 kilom.

4° La quatrième route partait d'Ugliane sur la route intérieure, et conduisait à Palanca d'Erzano sur les frontières de Bosnie. Sa longueur était de 24 kilom.

La longueur des quatre routes était de 364 kilomètres. MM. Daullé et Riollay, officiers supérieurs du génie, eurent la plus grande part à la direction des travaux.

II.

Routes stratégiques, page 6.

La disposition qui limitait la hauteur des haies plantées à moins de 20 mètres des routes stratégiques n'a pas été adoptée par les Chambres.

III.

Chaussée Brunehaut, page 6.

La route ancienne conservée, connue sous ce nom, est la route de Saint-Quentin à Bavay par Cateau. Elle se continue hors de France par Binch jusqu'à Tongres.

IV.

Routes modernes partant des capitales, page 12.

Aux routes que nous avons citées, il faut ajouter celles de Berlin aux places fortes du Rhin (1), et celle de Londres à Holyhead, dans l'île d'Anglesea. Holyhead, en face de Dublin, est le point par lequel la communication avec l'Irlande est la plus prompte. Le gouvernement anglais n'a rien épargné pour la construction de cette route : un magnifique pont a été jeté sur le bras de mer qui sépare l'île d'Anglesea de l'Angleterre.

V.

Tracé d'une route sur une pente, 3e cas, pag. 20.

Il est facile de démontrer que BQ doit être parallèle à AR, fig. 18. En effet, le point projeté en S est le point où la droite projetée en AB rencontre le plan incliné dont les horizontales sont projetées en VX et ZY; par conséquent, toute droite,

(1) *Notes et Réflexions sur la Prusse, en* 1833, par le marquis de Chambray, page 22.

passant par le point projeté en S, détermine un plan conjointement avec la droite projetée en AB. Donc les quatre points projetés en A, R, Q et B sont dans un même plan, donc les lignes AR et BQ, intersections de ce plan et de deux plans horizontaux, sont parallèles entre elles.

VI.

Points de partage, page 69.

Nous avons rapporté quelques remarques de M. Brisson, inspecteur divisionnaire des Ponts et Chaussées, qui peuvent aider à reconnaître les points de partage sur les cartes où l'on a tracé un grand nombre de thalwegs des différens ordres. Ces points sont plus clairement indiqués sur les cartes où le terrain est figuré par les projections de courbes horizontales, parce qu'ils jouissent de cette propriété, que le plan tangent au terrain y est horizontal et coupe le terrain suivant deux courbes dont les tangentes comprennent les faîtes entre des angles obtus. Cette remarque est de M. Duleau, ami et digne élève de M. Brisson.

Les personnes chargées de projets de routes ou de canaux regrettent de ne pas trouver sur les cartes ou dans les registres de nivellement les hauteurs des points de partage. Ce sont, en effet, les hauteurs des points les plus élevés des faîtes ou celles des points les plus bas des thalwegs qu'on détermine le plus communément. Il est à désirer que, dans la géodésie et la topographie, on attache plus d'importance à la détermination des points de maximum relatif de la surface du globe. La connaissance de ces points serait fort utile pour construire des cartes spécialement destinées au figuré du terrain par courbes horizontales. On doit à M. le capitaine danois Olsen un travail en ce genre fort remarquable, qui a pour titre : *Esquisse orographique de l'Europe*, et qui se compose de trois à cinq cartes et d'un commentaire contenant une partie des côtes qui ont servi à la construction des cartes.

VII.

Vitesse des malles-postes, pag. 77.

La vitesse des malles-postes anglaises est de 15,490 mètres à l'heure; celle des malles-postes françaises est de 12,800 m. Tels sont les rapports qui ont été adoptés pour régler le service des malles-postes entre Londres et Paris.

VIII.

Canaux des Etats-Unis, pag. 130.

Canal *Miami*, État de l'Ohio. On doit prolonger ce canal jusqu'à l'extrémité occidentale du lac Erié.

Canal *Illinois et Michigan*, canal de *Pensylvanie et d'Erié*, et canal de *Pensylvanie et d'Ohio.*

Ces quatre canaux ont une destination commune avec le canal de l'Ohio, qui est construit, savoir : la jonction des grands lacs du nord au golfe du Mexique.

Canal *James* et *Kanhawa*, dans la Virginie. Des fonds considérables ont déjà été dépensés pour cette communication, à la quelle on a donné le nom de canal, et qui doit consister dans deux canaux unis par une belle route qui est faite, et qui traverse les montagnes Bleues, *the Blue ridge*. L'un des canaux est latéral à la rivière James ; l'autre doit être latéral à la Kanhawa, affluent de l'Ohio.

IX.

Détail estimatif de la dépense à faire pour la construction d'une route.

Pour calculer la dépense d'une route, il faut d'abord déterminer les prix des différentes sortes de travaux qu'exige sa construction. A cet effet, on fait les analyses ou sous-détails de ces prix, comme on les appelle dans les Ponts et Chaussées. Voici, par exemple, les sous-détails des prix de la chaussée.

N° 1. ***Sous-détail du prix d'un mètre cube de moellons destinés aux bordures et aux deux premières couches.***

Indemnité de carrière. . . . .
Extraction, $\frac{1}{2}$ à $\frac{1}{6}$ de journée de carrier payé à. . . .
Charge, $\frac{1}{8}$ à $\frac{1}{15}$ de journée d'un ouvrier payé à. . .
La variation provient des pertes de temps.
Transport à de distance. . . . .
Emmétrage, $\frac{1}{12}$ à $\frac{1}{16}$ de journée. . . . .

Prix d'un mètre cube de moellons rendus sur place. . . . .

N° 2. ***Sous-détail du prix du mètre cube de pierres cassées, destinées à la troisième couche.***

Extraction et indemnité, sous-détail n° 1. . . . . . .
Déchet, $\frac{1}{10}$. . . . .
Cassage, variable, $\frac{1}{6}$ à $\frac{5}{6}$ de journée à. . . . .
Transport . . . .
Emmétrage $\frac{1}{16}$ à $\frac{1}{20}$ de journée à. . . . .

Prix du mètre cube de pierres cassées. . . . . .

N° 3. ***Sous-détail du prix du mètre courant de chaussée en empierrement de 40 centimètres d'épaisseur sur 5 mètres de largeur.***

1 mètre cube, 45 de moellons, savoir : 0,20 pour les bordures, et 1,25 pour les deux premières couches, déchet compris, à (sous-détail, n° 1.)
0 mètre cube, 75 de pierres cassées à (sous-détail n° 2). . . . .
$\frac{1}{25}$ de journée pour le dressage, et, lorsqu'il y a lieu, le pilonnage de l'encaissement, à. . . . . .
$\frac{1}{26}$ de journée d'un ouvrier adroit pour l'essemillage et la pose des bordures, à . . . .

$\frac{1}{8}$ de journée pour la pose à la main et au marteau des deux premières couches de la chaussée, battage compris, à. . . . .

$\frac{1}{12}$ de journée pour le remplissage et le dressage de la troisième couche, à . . . .

Prix d'un mètre courant de chaussée..

APPLICATION.

— mèt. cub. de déblai de terres à 1, 2 ou 3 hommes à la fouille, entre les profils, n^{os} , à le m. cub.

— mèt. cub. de terres transportées à tant de relais à la brouette ou au tombereau, à le mèt. cub.

— mèt. cub. de remblai de terres régalées à, le mèt. cub . . . .

— mèt. carrés de terrain à essarter dans l'emplacement de la route, à le mèt. d'essartis.

(Un ouvrier essarte 25 mètres carrés par jour.)

— mèt. courans de chaussée d'empierrement, à le mèt. courant, (sous-détail n° 3). . . . . . .

— mèt. courans d'accotemens à le mèt. courant ($\frac{1}{20}$ de journée environ par mèt. courant).

Total. . . . .

Le 20e pour faux frais, frais d'outils, etc . . .

Total . . . .

Le 10e de bénéfice pour l'entrepreneur . . . .

Total de la dépense . . . .

ERRATA.

pages.	lignes.	fautes.	corrections.
19	3 *note*.	pertes.	pentes.
20	22	*A F*	*A B*
77	8 en rem.	46	36
ibid.	9 en rem.	10,4	12,8
103	11	Branston.	Braunston.
123	3	au Volkhof.	à la Siasse.

NOTA. La lieue employée dans cette Instruction est de 4 kilomètres.

TABLE DES MATIÈRES.

PREMIÈRE PARTIE.

DES ROUTES.

DEUXIÈME PARTIE.

DES CHEMINS DE FER.

TROISIÈME PARTIE.

DES RIVIÈRES ET DES CANAUX.

NOTES SUR LES TRANSPORTS.

STATISTIQUE

DES PRINCIPAUX CANAUX ET CHEMINS DE FER, ET DES ROUTES CARROSSABLES OUVERTES DANS LES ALPES ET LES APENNINS

CHAPITRE PREMIER.

Canaux et chemins de fer.

FRANCE.

CHAPITRE DEUXIÈME.

Routes carrossables ouvertes dans les Alpes et les Apennins.

ADDITIONS.

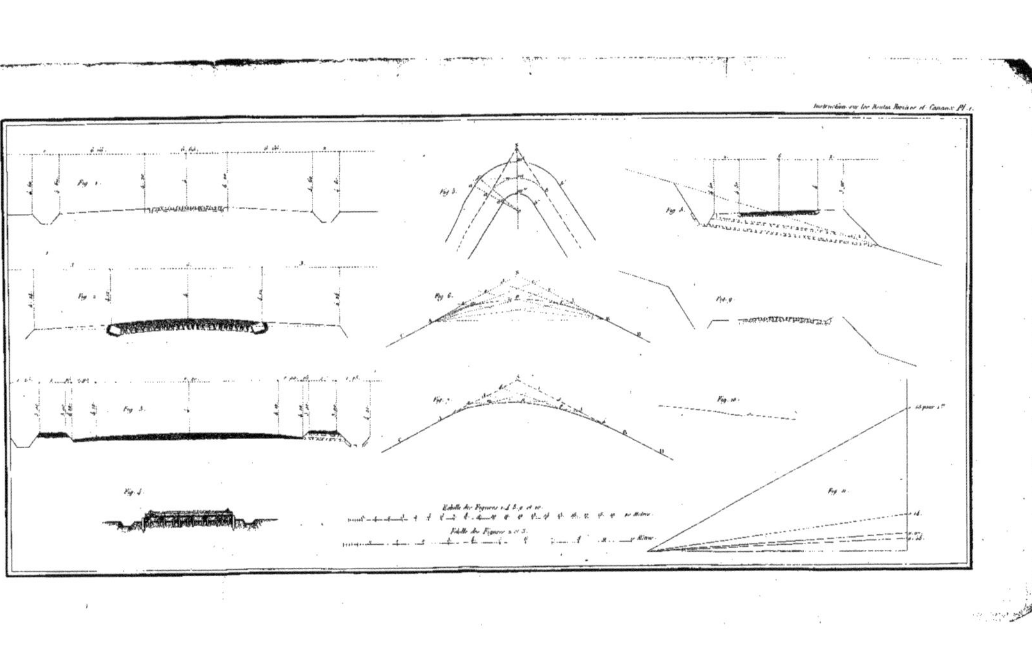

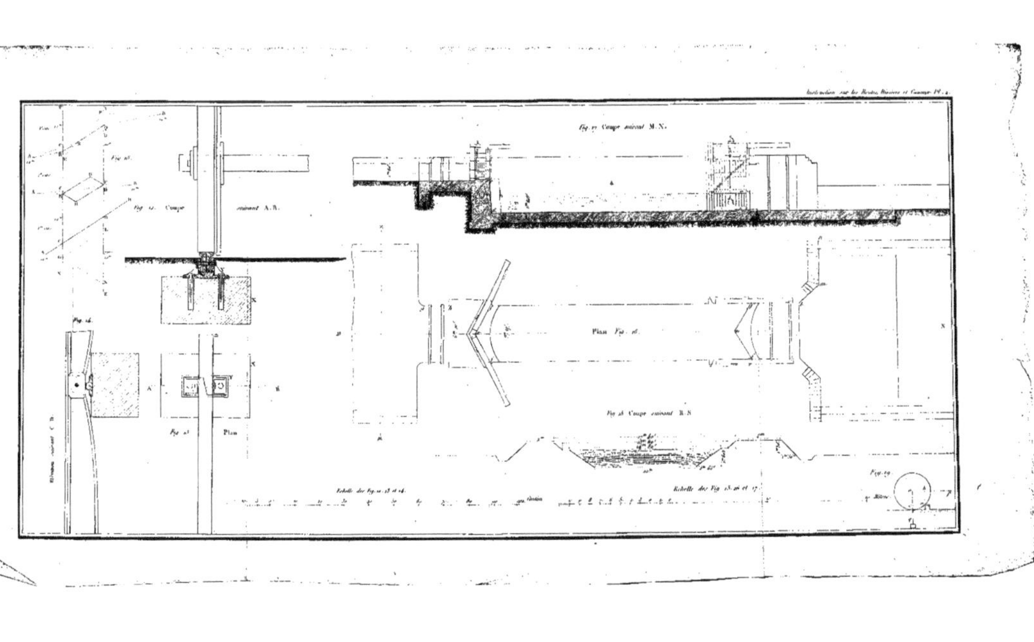
Fig. 17. Coupe suivant M.N.
Fig. 13. Coupe suivant A.B.
Fig. 14.
Fig. 15. Plan
Plan Fig. 16.
Fig. 18. Coupe suivant R.S.
Echelle des Fig. 12, 13 et 14.
Echelle des Fig. 15, 16 et 17.
Fig. 19

www.ingramcontent.com/pod-product-compliance
Ingram Content Group UK Ltd.
Pitfield, Milton Keynes, MK11 3LW, UK
UKHW021119220726
13924UKWH00004B/1807